U0899303

本书出版得到国家古籍整理出版专项经费资助

辉煌时代
HUIHUANG SHIDAI

百家争鸣

张小锋 著

 中华书局  上海古籍出版社

图书在版编目(CIP)数据

百家争鸣/张小锋著. —北京:中华书局,上海古籍出版社,2010.4(2010.10 重印)
(文史中国)
ISBN 978-7-101-06914-3

Ⅰ.百… Ⅱ.张… Ⅲ.先秦哲学-青少年读物 Ⅳ.B22-49

中国版本图书馆 CIP 数据核字(2009)第 134502 号

书　　名 百家争鸣
著　　者 张小锋
丛 书 名 文史中国
责任编辑 焦雅君　娄建勇
出版发行 中华书局
(北京市丰台区太平桥西里 38 号　100073)
http://www.zhbc.com.cn
E-mail:zhbc@zhbc.com.cn
上海古籍出版社
(上海市瑞金二路 272 号　200020)
http://www.guji.com.cn
E-mail:gujil@guji.com.cn
印　　刷 北京精彩雅恒印刷有限公司
版　　次 2010 年 4 月北京第 1 版
2010 年 10 月北京第 2 次印刷
规　　格 850×1168 毫米　1/32
印张 5　字数 80 千字
印　　数 6001—9000 册
国际书号 ISBN 978-7-101-06914-3
定　　价 19.00 元

《文史中国》丛书
出版缘起

《文史中国》丛书的策划编撰，始于2004年。

这一年，中共中央、国务院明确了一项重大的文化战略："对未成年人进行以爱国主义为核心的伟大民族精神的教育"，要求通过中华民族优良传统和悠久历史的教育学习，引导广大青少年"从小树立民族自尊心、自信心和自豪感"。

有鉴于此，中华书局和上海古籍出版社——中国南北两家以弘扬中华传统文化为己任的著名出版社——决定联手合作，出版一套为青少年量身度制的高质量的传统文化系列图书，其初命名为《长城丛书》，计16个系列、约160种图书。计划得到了有关部门的高度重视，很快列入了"'十一·五'国家重点图书出版规划"与"国家古籍整理出版'十一·五'重点规划"。

2005年，中宣部策划组织的弘扬伟大民族精神的重点出版工程——"民族精神史诗"全面展开。《长城丛书》之"文史知识"部分，又被吸纳为这项重大文化工程之一，并以《文史中国》为名，正式启动。经过近五年时间、数十位学者的倾情投入，其第一批成果，终于以清新靓丽的面貌，呈现在广大读者的面前。

有别于以往的传统文化读物，《文史中国》的宗旨可概括为一句话：题材是传统的，眼界是当代的。因此除了科学性与可读性相统一的常规标准外，丛书从选目到撰写，更要求以一种世界性的文化视域来透析中华文化的深刻意蕴。而“中华”与“上古”深厚的学术底气与近十年来的创新精神，正是践行这一宗旨的可靠保证。

《文史中国》丛书首批共38本，分为四个系列：“辉煌时代”、“世界的中国”、“文化简史”、“中华意象”。四个系列互相联系，同时又自成体系，为读者多视角多侧面地展示中华文明。

“辉煌时代”系列共10本，选择中国五千年历史上十个辉煌的时代，作横断面的介绍与分析，以显示开放心态和创新精神是中华民族发展振兴的主体精神。

“世界的中国”系列共10本，集中表现中华文化与世界各民族文化的交流与融合，以展现中华文明是人类文明的共同组成部分，强调中国与世界的开放共荣、和谐共处是中华文化的固有精神。

“文化简史”系列共10本，从中国人文化生活的各部类入手，历时性地介绍中国人知行合一的生活情趣，高尚优雅的审美理念，以及传承有序、丰富多姿的文化积累，从而为当代人的生活文化与中国文化走向世界提供启示。

“中华意象”系列共8本，选取最能够体现中华民族主体思想的、具有象征意味的意象，进行深入的解析。“龙凤”“金玉”等意象早已经成为中华民族的文化符号，它们以其特有的形象和意涵，展示着中国人特有的精神世界，并丰富着全人类的文化符号。

全中国的中小学生、全世界的华人学子，是《文史中国》丛书的当然读者。我们期待着读者们在清新优美的文字和图文并茂的情境中，感受到中华民族“爱国、团结、和谐、奋斗”的伟大的民族精神，成为一个出色的中国人。

今后，无论您走到世界的哪一个地方，无论您从事哪一项职业，无论您身处顺境还是逆境，您都可以骄傲地大声说：

“是的，我是中国人！”

中华书局　上海古籍出版社

2009年7月

目录

引 言

【第一章】春秋、战国时期的世界形势

【第二章】春秋、战国时期人才涌动的浪潮

人才的涌动 …… 15

游说与养士之风 …… 29

百家争鸣的成因 …… 33

【第三章】蔚为壮观的百家争鸣

孔子与儒家思想 …… 42

老子与道家思想 …… 56

孙子与兵家思想 …… 65

墨子与墨家思想 …… 73

韩非与法家思想 …… 79

其他诸家 …… 83

【第四章】与时俱进的社会改革

管仲改革 …… 92
子产改革 …… 96
李悝改革 …… 99
吴起变法 …… 103
商鞅变法 …… 106
齐威王图治 …… 110
申不害变法 …… 113
赵烈侯改革与赵武灵王胡服骑射 …… 116
其他诸国的改革 …… 120

【第五章】缤纷绮丽的文学花园

历史散文 …… 125
诸子散文 …… 133

深入阅读

引言

让我们穿越时空隧道，一直退回到二十五个世纪以前的春秋、战国时代，此时的中国，正处于社会大动荡、大变革时期。

这一时期，奴隶制逐渐瓦解，封建势力日渐强大，周天子的权威一落千丈，先前至少从表面上维持着统一的国家，到这时分裂成五颜六色的碎块。盘根错节的古代宗法网络，开始分结解纽，好像长期冰封冻结的河水，随着春季的到来，而逐渐融化。曾经被周天子分封的数百个诸侯，经过长时间的兼并、分化，先后形成了“春秋五霸”和“战国七雄”并峙的局面。为了图强自保，各诸侯国竞相变法、改革，延揽人才，同时不失时机地发动战争，攻城略地，竞长争短。

正是在这特殊的时代，思想界出现了空前活跃的局面。一时间，诸子蜂起，百家立言，学派林立，群星灿烂，恰似春花竞放，又如秋实累累。

春秋、战国时代，是中国历史上文化极为辉煌的时代，是各种思想自由迸发的时代，史称百家争鸣。

有学者称，这一时代和印度的佛陀时代、希腊的苏格拉底时代正好相当，有人把世界历史上的这一时代称为“轴心时代”。这是人类精神的大觉醒时代。也就是说，人类经过长期的进化，这时的思想意识发生了质的飞跃。其具体内容为：一、人类对自身与外界关系有了全新的认识；二、人类对自身也有了全新的认识。但是，由于历史环境的不同，这三大文明对有关问题的回答却不尽相同，因而也形成了不同的文化传统。正如美国学者伯恩斯和拉尔夫所说：“在古代世界的三个相隔很远的地区，在大约同一时期都开展着高度的哲学活动。当希腊人正在探讨物质世界的性质、印度思想家正在思考灵魂和神的关系时，中国圣人正试图去发现人类社会和贤明政治的根本区别。”

【第一章】

春秋、战国时期的世界形势

古希腊·赤绘双柄人物罐

公元前770年，当中国历史进入风云激荡的春秋、战国时代，整个世界历史也放射出熠熠的光彩。翦伯赞先生这样来描述这一时期的世界形势：

春秋时期（前770—前476），在希腊半岛上形成了一个强大的奴隶制国家，这就是世界历史上有名的希腊。这个国家，在春秋中叶，就征服了从爱琴海爱奥尼亚海北至黑海沿岸一带的地方，成为西方世界的一个文化的火炬。

继希腊而起，在春秋末叶，罗马也完成了由氏族制到奴隶制的转化过程。它逐渐征服了邻近诸种族，开始其奴隶国家的建设。

在西亚方面，与希腊之兴起同时，波斯也成为一个大奴隶国家。这个国家，在春秋中叶之末，征服了美索不达米亚、叙利亚、小亚细亚以及爱琴海沿岸之希腊的殖民地，并且降服了阿拉伯沿海岸一带之地乃至埃及，成为雄视西亚的一个巍然大国。

此外，以前侵入印度五河流域之雅利安族，到春秋中叶，已经由五河流域侵入恒河和亚姆纳河流域一带，完成了奴隶国家的建设。

以上，就是春秋中叶以前的世界形势。到春秋末叶，由于这几个历史单位各自的膨胀与发展，因而发生了相互之间的接触，从而形成了以希腊为动力的历史运动，这种历史运动，首先表现为希腊与波斯之间因争夺奴隶市场而兵戎相见的"希波战争"。在胜利的征服中，许多希腊的王国纷起于小亚细亚、亚美尼亚、叙利亚、巴比伦、埃及及印度西北。这样一来，广大的西部亚细亚，都变成了希腊人的世界。而几个古代的文化出发点，如巴比伦、叙利亚、埃及乃至印度，都圈进了希腊文化的范围……所以亚历山大的东征，以及由此而发生之后果，就不啻是对古代西方世界的文明作了一次综合。

总之，从春秋中叶以后，历经整个战国时代（前475—前221），都是希腊文化扩散于亚细亚乃至印度西北部的时代。

继希腊之后，在战国末叶，罗马也从意大利半岛的南部，扫除了希腊人的势力，并且向北发展，达到波河流域。公元前264年，因为争夺地中海的奴隶市场，与北非的迦太基展开了历史上有名的布匿战争。不过，在春秋乃至战国时代，罗马还不是西欧历史发展的主动力。

特别值得一提的是，当西周第十二代国王周幽王（前781—前771）沉迷女色，把军国大事视为儿戏，为博得美人褒姒的一个笑脸而三番五次玩“烽火戏诸侯”的把戏时，在世界的另一端则发生了一起令全世界为之瞩目的大事。

公元前776年，在希腊伯罗奔尼撒半岛西北部的一个名叫奥林匹亚的小山谷里，举行了一场特殊的体育竞赛（尽管当时仅有赛跑一个比赛项目）。这里地势平坦，依山傍水，风光旖旎，被当时希腊人视为最美的地方。这里是现代奥林匹克运动的发源地。后来，比赛又增加了新的项目。

奥林匹亚古代奥运会遗址

在长达数十年的希波战争中，雅典和斯巴达是希腊城邦抗击波斯大帝国的领袖。公元前490年，波斯国王大流士一世派人渡海西侵，兵锋直指雅典和曾出兵反抗波斯的埃列特里亚。波斯大军先进攻埃列特里亚，遭到顽强抵抗，但埃列特里亚终因叛徒出卖而被攻陷，其城被焚毁，居民则被卖作奴隶。紧接着，波斯军乘船来到雅典东北部的马拉松，登陆扎营，准备将雅典夷为平地，但雅典人立即动员全国公民组成一万重装兵急忙赶赴马拉松应战。在战争爆发之前，斯巴达曾表示派兵援助。但战争打响之时，正是斯巴达全国举行重要的宗教祭奠之际，按例必须等祭期结束后才能出兵。当时波斯有十万大军，而希腊却只有一万名重装兵和一千名援军，众寡悬殊，但雅典人却凭着顽强的斗志、正确的战略战术，打败了波斯军，取得了马拉松战役的胜利。雅典人胜利后，派了一名战士赶回雅典报告胜利的消息，这名优秀的战士一口气跑了四十多公里，抵达雅典城后说："雅典得救了。"他话音刚落，便倒地而死。后来人们为了纪念这位战士，决定定期举行马拉松赛跑。这就是今天国际马拉松赛的起源。

希腊的雅典在马拉松大败波斯军之后，国威大振，兴建了许多运动设施、庙宇等。四年一届的奥林匹亚赛事吸引了来自希腊各个城邦的选手和观众，盛极一时，成为希腊最盛大的节日。

尽管希腊各城邦之间不时爆发战争，但在奥林匹亚赛事期间，各城邦之间必须停止一切战争活动，称为"神圣休战"。每次赛会，参加者多达四五万人。比赛期间，诗人和哲学家会赶来展示自己的得意之作；而最为引人注目的，则是那些参加赛事的优胜者，他们将会戴上用野生橄榄枝叶做成的花冠，这是胜利的象征，是一种无上的荣耀。

希波战争的结束为希腊奴隶制经济和文化的繁荣提供了有利的条件。希波战争后，希腊的主要工商业城邦经济进入了繁荣时期。在农业方面，农业技术大为进步，出现了三种作物（黍、蔬菜、小麦）轮种法，它使耕地面积不大的希腊得以地尽其利。橄榄油供食用、制造化妆品和照明，园艺作物是当时重要的出口产品。手工业产品盛销地中海和黑海各地。雅典能制造排水量二百五十吨的商船，海外贸易更为发达，是爱琴海上的霸主。

希腊文化在世界文化史上久负盛名，其文化成就是多方面的，尤其是在文学、艺术及哲学思想等领域达到了古代社会的高峰。公元前六世纪，在希腊民间流传着一些散文故事，其中许多是关于动物的寓言，如《狼和小羊》、《农夫和蛇》等，相传这些寓言的作者名叫伊索，后来有人将这些寓言故事汇集起来，称之为《伊索寓言》，这是最早介绍到中国的欧洲文学作品之一。戏剧是希腊文学中的奇葩。公元前六—前五世纪间，每当春季葡萄藤长出新叶或秋季葡萄丰收的时节，人们总要向酒神狄奥尼修斯祈祷和庆祝。届时歌咏队在队长的带领下翩翩起舞，唱着“酒神颂歌”，在这种活动中逐渐衍生出了悲剧，埃斯库罗斯（约前525—前456）、索福克勒斯（约前496—前406）、欧里庇得斯（约前485—前406）是古希腊最具盛名的三个悲剧作家。后来同样在祭奠酒神的活动中，产生了喜剧，阿里斯托芬（约前450—前385）是古希腊最有名的喜剧作家。

当中国在思想文化领域出现百家争鸣的奇观时，希腊的哲学也进入了光辉灿烂的时代，涌现出了像赫拉克利特（约前530—前470）、毕达哥拉斯（约前580—前500）、苏格拉底

（前496—前399）、德谟克利特（约前460—前370）、柏拉图（前427—前347）、亚里士多德（前384—前323）等一大批著名的哲学家。苏格拉底是西方哲学史上著名的哲学家，他的哲学以研究社会伦理道德为主，认为自然界是神所创造的，人的理性是不能够也不应该去认识的，人只能认识自己，“我知道我自己一无所知”便是他的名言。他坚持灵魂不死说，坚持有知识的人才会有德行，只有知与德兼备的贤哲才能治理国家。他的主张对他的得意门生柏拉图产生了深刻的影响。需要指出的是，苏格拉底这位著名的哲学家，在以民主制著称于世的希腊雅典，却被当局以亵渎神灵、蛊惑青年等罪名判处死刑。接到宣判后，这位性格倔强的思想家，谢绝了朋友帮他越狱的好意，在监狱中喝下了为他准备的毒酒，从容就死。他的死是对雅典民主制的最大嘲讽。

柏拉图是欧洲哲学史上第一个建立唯心论体系的哲学家。他的哲学的核心是客观唯心主义的“理念论”，认为万物的本原是超感觉的“理念”，理念世界是真实的，而物质世界则是虚幻的，他认为人的灵魂是不死的。他将自己的唯心论哲学应用到社会政治方面，提出了“理想国”的设想。在柏拉图的“理想国” 中有三个等级。第一等级是哲学家，他们有智慧的天性，应该成为国家的统治者。第二等级是武士，他们有勇敢的天性，应该保卫国家。第三等级是农民和工商业者，他们有节制的天性，应专门供养以上两个等级。只要这三者各行其事，各安其分，这个国家便可达到长治久安。而奴隶，则只能被视作奴隶主的财产和工具。柏拉图的学生亚里士多德，则是一位百科全书式的学者，著作繁富，涉及领域极广，据说他常常喜欢在林荫道漫步讲学。他的名言“吾爱吾师，吾更爱真理”，反映了古典哲学以追求真理为最高准则的思想。他曾经担任马其顿王子亚历山大的老师。后来亚历山大建立了空前庞大的亚历山大帝国，对亚里士多德的办学、讲学和教育研究给予大力资助。公元前323年亚历山大因患恶性疟疾猝然病逝，雅典人民掀起了反马其顿的风潮之时，讲学于雅典的亚里士多德不得不远走他乡，不久便与世长辞。

柏拉图像

再来看看同一时期的印度。从公元前八世纪左右出现最早的奴隶制小国之后，经百余年兼并战争，有些地区开始形成较大的国家。公元前六世纪初，南亚次大陆各城市国家普遍形成、发展，并由分立逐渐走向统一，其中主要有十六个大国，史称“列国时代”，一直继续到公元前四世纪末期孔雀王朝兴起。这一时代也正是佛教兴起的时代。

早在吠陀时代，印度就形成了两种日后成为其民族特色的体制，即种姓制度与婆罗门教。种姓就是社会等级，当时分为四个等级，或称之为四个瓦尔那，从高到低分别为婆罗门、刹帝利、吠舍、首陀罗，婆罗门教竭力维护等级森严的种姓制度。到了列国时代，社会的动荡在各阶级、各阶层皆引起各种反应，新思想、新宗教像雨后春笋般产生，其蓬勃丰盛之势与我国春秋、战国时期的百家争鸣不相上下，而佛教也正是在这种情况下产生。当时占统治地位的宗教——婆罗门教已受到新思潮的批判和攻击，因为婆罗门教是现存等级制度和传统观念的顽固维护者，属于最保守的势力。刹帝利不满于婆罗门的唯我独尊，吠舍中的富有阶层要提高社会地位必须冲破婆罗门的精神统治，而首陀罗和广大被奴役群众反对反动统治的斗争首先也针对婆罗门。在思想领域中，对婆罗门教的批判也导致各种新思潮、新教派的产生，它们在佛教文献中被称为“外道”，据说当时有“六师”，“六十二见”，九十六种外道之多。它们各有所宗，学理相异，徒众有别，在思想文化领域里展开百家争鸣。在这些新教派和新学说中影响最大的是佛教。

佛教的创立者是释迦牟尼，在世界历史上占有重要地位，他所提倡的哲理以及由他开始的宗教运动对东方文明有深远影响。释迦牟尼出生的年代与孔子相仿。传说，释迦牟尼生于公元前566年，死于公元前486年。释迦牟尼原名悉达多，姓乔答摩，释迦牟尼是他成道以后所获称号，意为“释迦族的圣人”。他的家乡、释迦族聚居的迦毗罗卫国位于今尼泊尔、印度的边境，他的父亲净饭王当时为迦毗罗卫国王。释迦牟尼属刹帝利种姓，十六岁时结婚生子，二十九岁之际突然离开宫廷出门修行，三十五岁得道，创立佛教，其后用四十五年传布佛教，广收门徒。佛教主要教义是四谛说，即四种真理，分别为苦、集、灭、道谛。

佛教的产生是时代的产物，是与印度列国时代政治、经济的巨大变化相适应的。列国时代，随着城市国家的形成、发展，在恒河流域中下游，刹帝利不仅在政治、经济上日益强大起来，而且在文化领域内也占有一定的地位。吠舍大商人在经济和政治上的地位也显著提高。他们极力要求打破婆罗门至高无上的种姓特权，以及它在宗教和知识领域内的垄断地位。因此，早期的佛教同婆罗门教在意识形态领域的斗争，主要反映了以新兴官职贵族为代表的刹帝利和以大商人为代表的上层吠舍等级同婆罗门贵族之间的斗争。同时我们也看到，早期佛教力图在宗教领域内打破种姓之间的严格界限，提出了“众生平等”的口号，也反映了一般人民大众反对婆罗门教，要求种姓

明·丁云鹏绘《释迦牟尼图》

平等的愿望。

以上就是春秋、战国时代的世界形势。

【第二章】

春秋、战国时期人才涌动的浪潮

让我们收拢四散的目光，聚焦于帕米尔高原以东、蒙古高原以南直至大海的广袤土地上，我们除看到各国一次次的改革与变法、一场场的战争与和谈外，还能发现奔走于各国间寻求施展才学的人们，他们行色匆匆，目光中透出渴望与焦灼。

人才的涌动

孙武见吴王

公元前512年，从齐国迁居吴国的孙武，在因受人迫害而潜逃到吴国的楚国人伍子胥的推荐下，带着自己的十三篇兵书来到吴王阖闾的宫殿中，他对吴王说："越人虽强，又有何惧哉？""如果听从我的计谋，那我就留下来，如果不听从我的计谋，那我就另寻他处。”吴王将兵法一篇一篇看罢，啧啧称赞，但转念一想，兵法头头是道，是否真的实用呢？孙武能写兵法，但怎样才能证明他不只是纸上谈兵呢？吴王便对孙武说：“你的兵法十三篇，我已经逐篇拜读，实是耳目一新，受益匪浅，但不知使用起来如何，可否用它小规模地演练一下，让我们见识见识？”孙武回答说：“可以。”吴王又问道：“先生打算用什么样的人去演练？”孙武答：“随君王的意愿，用什么样的人都可以。不管是高贵的还是低贱的，也不论是男的还是女的，都可以。”吴王想给孙武出个难题，便要求用宫女来演练。于是，孙武便上演了一出“吴宫教战”的好戏。最后，吴王任命孙武为将。

孔子周游列国

吴王阖闾在伍子胥、孙武的帮助下，大败楚国，声势很大，连中原一些大国都受到威胁，首先受到威胁的是齐国。齐国自从齐桓公死后，国内一直很不安定。后来，齐景公当了国君，任用晏婴为相国，改革朝政，齐国又开始兴盛起来。

公元前500年，齐景公和晏婴想拉拢邻国鲁国和中原诸侯，重振齐桓公当年的霸业，就写信给鲁定公，约他在齐鲁交界的夹谷会盟。那时候，诸侯开会，都得有个大臣当助手，称作

“相礼”。鲁定公决定让鲁国的司寇（管司法的长官）孔子来做这件事。鲁定公把准备到夹谷跟齐国会盟的事告诉了孔子，

《孔子见老子》画像石（东汉）

孔子说：“齐国屡次侵犯我们边境，这次约我们会盟，我们也得有兵马防备着。希望把左右司马都带去。”鲁定公同意孔子的主张，又派了两员大将带了一些人马，随同他前往夹谷。在夹谷会议上，由于孔子的相礼，鲁国取得了外交上的胜利。会后，齐景公决定把从鲁国侵占过来的汶阳（今山东省泰安市西南）地方的三处土地还给鲁国。

鲁定公十三年，齐国挑选了八十名歌女送到鲁国去。鲁定

公接受了这班女乐，天天吃喝玩乐，不管国家政事。孔子想劝说他，他却躲着孔子。这件事使孔子感到很失望。孔子的学生说："鲁君不办正事，咱们走吧！"从那以后，孔子离开鲁国，带着一批学生周游列国，希望找个机会实行他的政治主张。可是，那个时候，大国都忙于争霸战争，小国都面临着被并吞的危险，整个社会正在发生变革。孔子宣传的一套恢复周朝初年礼乐制度的主张，当然没有人接受。他先后到过卫国、曹国、宋国、郑国、陈国、蔡国、楚国。这些国家的国君都没有用他。

吴起奔楚

吴起本为卫国人。卫国在西周初年，也曾经出现过一段强盛的时期，它地跨冀、豫、鲁交界处一望无际的大平原。但春秋以降，卫国每况愈下，到战国前期，已经沦为在齐、楚、赵、魏等大国的夹缝中苟延残喘的次等小国。吴起少时聪颖过人，家境富足，他志向远大，梦想成就一番大事业，尤其喜好军事，但是弱小的卫国却未能给他提供任何机会。为了施展才能，他离家游历，奔走列国，希望得到诸侯的重用，但是却屡屡碰壁，弄得家道中落，遭到家乡人的白眼。有人讥笑他，有人诽谤他，他盛怒之下，杀了三十多个诽谤他的人逃往他国。

临行前他与母亲诀别，并咬臂发誓说，我吴起不官拜卿相，绝不再踏进卫国。他来到了鲁国投到曾参门下学习儒术。不久母亲去世，他不回家奔丧，被曾参视为不孝，曾参与他断绝了师生关系。吴起于是弃儒学兵。公元前410年，齐国攻打鲁国，有人推荐吴起担任大将，但因吴起的妻子是齐国人，鲁穆公担心吴起通敌而犹豫不决。吴起知道后，便杀了妻子，以示忠心，后被任命为将，大败齐军。但是，立下战功的吴起并未因此受到表彰，反而受到排挤和疑忌。于是吴起离开鲁国来到了魏国，被魏文侯任命为将，一举攻下秦国五座城池，后又屡建战功。魏文侯死后，魏武侯听信谗言，免去吴起西河守职务，吴起被迫离开魏国来到楚国。这时楚悼王面对国贫兵弱、内外交困之局，很想变法图强。吴起到楚国后，很快得到了楚悼王的重用，掀开了变法的序幕。

张仪入秦

公元前329年，魏国人张仪只身来到了秦国，向秦惠文王上连横之策，被封为客卿。第二年，秦惠文王便拜张仪为相。楚国人景春曾说："公孙衍、张仪是真正的大丈夫，他们一发脾气，诸侯便都害怕；安静下来，天下便太平无事了。"张仪本为魏国的庶族。相传张仪曾跟随鬼谷子学习纵横之术。学成之后，张仪首先奔赴楚国游说。有一次，他参加楚相举行的一次宴会，楚相丢失了一块玉璧，手下的人便说张仪又穷又无德行，一定是他偷的，于是便将张仪抓住打得皮开肉绽，鲜血直流。张仪始终不承认，最后只好把他放了。他回到家后遭到了妻子的取笑，妻子说："你要是不去读书游说，怎么会受到这样的羞辱呢？"而张仪只昏昏沉沉地伸出舌头对妻子说："你只看我的舌头还在不在？"妻子笑着说："你遍体鳞伤，就剩下舌头还完好。"张仪说："只要舌头还在就够了。"张仪坚信，凭自己的才学智慧和三寸不烂之舌，总有一天会出将入相的。这时，秦国的孝公已死，商鞅已被车裂，继任者秦惠文王雄心勃勃，张仪于是怀揣"连横之策"来到了秦国。

范雎入秦

约在秦昭王三十三年（前273），魏国人范雎来到了秦国。范雎为魏国人，游说诸侯，本打算报效祖国，为魏王服务。但他家贫，报国无门，在中大夫须贾门下做食客。当时魏国相为魏齐。须贾奉命出师齐国，范雎为随从。齐襄王早就听说范雎很有口才，很是钦佩。于是派人重赏范雎，但范雎没有接受。须贾得知，妒火中烧，甚而怀疑范雎里通齐国，出卖情报。回国后将此事向魏齐作了密报。魏齐不分青红皂白，以叛国罪重治范雎，把他的牙齿打落，肋骨打折。范雎昏了过去。醒来后乘机装死，寻求脱身之计。魏齐命人把范雎弃置到厕所里，还命人用便尿浇淋。后来范雎在看守的帮助下，虎口脱险。这时，秦国使者王稽正在魏国，范雎和好友郑安平便投奔王稽。范雎乔装，化名张禄，随王稽来到了秦国，向秦昭王献“远交近攻”之策，后代替魏冉而居相位。

战国秦·武士斗兽纹铜镜

乐毅留燕

乐毅的祖先是战国初期魏国名将乐羊。魏文侯四十年（前406），乐羊带兵攻灭中山国，魏文侯把灵寿封给了乐羊。乐羊死后，就葬在灵寿，他的后代子孙们就在那里安了家。后来，中山复国了。到赵武灵王时赵国又灭掉了中山国，乐毅家族便成为了赵国的臣民。乐毅才能出众，善于用兵，赵国人曾举荐他出来做官。赵武灵王二十七年（前299），一代雄主赵武灵王在沙丘行宫被围困饿死，乐毅失望之余，便离开赵国来到了魏国，担任魏国大夫之职。此时，燕昭王因子之执政，燕国大乱而被齐国击败。燕昭王非常痛恨齐国，试图报仇雪恨。燕国是个弱小的国家，地处偏远，凭国力是不能克敌制胜的，于是燕昭王礼贤下士，招揽天下才俊。后来，乐毅作为魏国使者，出使燕国，燕昭王恭敬有礼。于是，乐毅便留在燕国，被委以“亚卿”要职，主持军国大事，辅助燕昭王上演了“克齐兴燕”的历史活剧。

蔡泽入秦

蔡泽本为燕国人，才华出众，曾遍游天下各国，但却无人赏识。在赵国，被撵了出来；在魏国、韩国，连饭锅都给抢走了。蔡泽呼天不应，叫地不灵，正处于穷困潦倒之际，听到秦相范雎举荐的两个人因触犯了法律而获罪，于是他赶紧收拾行装，日夜兼程，来到了秦国。来到秦国后，说服应侯范雎，轻取相位。

商鞅入秦

商鞅又名公孙鞅、卫鞅，是卫国破落贵族的后裔，喜好刑名之学，胸怀抱负。他先到魏国求仕，在魏相公叔痤门下为家臣，得到公叔痤的赏识。公叔痤病重，曾向魏惠王推荐商鞅，但没有得到重视。公叔痤死后，商鞅西行入秦，四说秦孝公，最后得到了秦孝公的重用，开始了秦国历史上最为著名的变法。

李斯入秦

公元前246年，一身尘土的楚国人李斯来到了秦国都城。李斯本为楚国上蔡（今河南省上蔡县西）人，为著名思想家荀子的学生。他曾担任郡中小吏，很不如意。他有感于厕中鼠与仓中鼠命运之不同，发誓要改变自己的命运。于是专门研习帝王之术，学成后，审时度势，认为楚王不能成就大事，而东方六国都很孱弱，于是辞别恩师，西行入秦。投到丞相吕不韦门下为舍人，后被任为郎，得到秦王嬴政的重用，他劝说秦王嬴政（即秦始皇）灭诸侯，成帝业，一统天下，被任命为长史，秦王采纳他的计谋，遣谋士持金玉游说诸侯，离间六国君臣。秦王十年（前237），下令驱逐六国客。李斯时为客卿也在被逐之列，于是上《谏逐客书》，使秦王取消了逐客令，李斯官复原职，还被封为廷尉，后升为丞相。

吕不韦入赵、秦

大约公元前265年，卫国大商人吕不韦抱着对未来的憧憬，来到了赵国国都邯郸。在这里，他发现了无价之宝——秦国落难王孙异人。于是，倾其家资为异人谋求政治前途。他奔赴秦国国都咸阳，游说当时的太子安国君宠妃华阳夫人收异人为子。因华阳夫人是楚国人，所以赐异人名为子楚。后来，子楚顺利继承王位，吕不韦投资成功，自己成了秦国的相国。

荆轲入燕

荆轲本为卫国人，喜好读书击剑，曾向卫元君游说，希望得到重用，在卫国成就一番事业，但卫国国君并不赏识他。秦王政六年（前241），秦攻取卫国濮阳（今河南省濮阳市西

汉画像石刻画的“曹子劫桓”、“专诸刺吴王”、“荆轲刺秦王”的故事（自右向左）

南），并将卫元君迁至野王（今河南省泌阳县），卫成为秦的附庸。荆轲于是游历四方，结识了许多豪杰志士。在燕国，结识处士田光。在田光的举荐下，荆轲成为燕国太子丹的座上客，被尊为上卿。为了刺死秦王，荆轲出使强秦，血洒秦廷。

申不害相韩

公元前355年，郑国京人（今河南省荥阳市东南）申不害被韩国国君韩昭侯任命为相，开始了韩国的政治改革。

不用再列举更多事例便可知道，这是一个人才涌动的时代。当时的奇才俊杰为施展才华，都抱着“天生我材必有用”的信念，不辞辛劳，不远万里，不厌其烦地寻找着机会。

这是一个积极进取的时代。

公元前628年，春秋五霸之一晋文公死后，秦穆公认为东进的时机已到，便在次年命孟明视、西乞术、白乙丙三位将领进攻郑国。当秦军行进到滑国（今河南省偃师市）时，在洛邑做生意的郑国商人弦高也恰好到达这里，他听到秦军要去偷袭郑国，十分震惊。赶回去报告消息已来不及，祖国处在危亡之中，他急中生智，就一面冒充郑国派来的使者，给主将孟明视献上四张上等皮革和十二头肥牛，说道：“我们的国君早就知道您带了大军要来我国，特派我谨以微薄的礼物赶来慰劳”；一面派人火速赶回郑国报告消息。孟明视等以为郑国早已知道秦军行动，有了防备，偷袭是不可能了，便取消了这次行动。由于弦高的爱国精神和机智，郑国才免去了一场劫难。

公元前445年左右，公输般替楚国造好了攻城用的新式武器“云梯”，准备用来进攻宋国。在鲁国的墨子闻讯后，一面派弟子禽滑釐等三百余人带着守御器械在宋国城上布防，一面步行十日十夜赶到郾郢劝说楚惠王罢兵。在楚惠王面前，墨子解带为城，以衣为械，和公输般表演攻守的技术，结果公输般攻城的机变出尽，而墨子守器有余。墨子又宣布禽滑釐等在宋，使楚惠王只得罢兵，一场战争就这样消弭了。

至春秋时代，经历了数百年之久的西周王朝已走下坡路，礼崩乐坏，周天子名义上仍是天下共主，可事实上各地的诸侯很少有服从他命令的。各诸侯常常打着“尊王攘夷”的旗号，借维护周天子的共主地位相互攻伐，攻城略地，扩大本国的地盘。到后来“尊王攘夷”的招牌也不要了，公开厮杀。这种“乱哄哄，你方唱罢我登场”的争霸战争一直持续了三百多年，到了战国时代，战争越来越频繁。为了在这场持久的争霸战中最后胜出，各国都不约而同地推行了改革，以图富国强兵。这就迫切需要从各方面选拔人才来进行改革。他们选拔的对象主要是“士”。

“士”原是贵族的最低阶层，有一定数量的“食田”，受过“六艺”的教育，能文能武，战时可充当下级军官，平时可做卿大夫的家臣。到春秋、战国之际，由于政治、经济的变革，文化、学术得到进一步的发展，士阶层活跃起来。同时各国政府纷纷谋求改革，推行官僚制度，士的需求急增，于是平民中涌现出一批新的“士”，“士”逐渐成为知识分子的通称。

这是一个尊重知识和人才的时代。

有作为的国君招徕并敬重所谓贤士，使之为自己效劳；一些大臣也常常向国君推荐人才，以谋富国强兵，因而在战国初期，就出现了浓厚的“礼贤下士”之风。“五霸”、“七雄”、“四公子”都是礼贤下士的典范。

管仲是难得的人才。齐桓公在和公子纠争夺齐国王位时，曾被辅佐公子纠的管仲射过一箭，差点没了命。但齐桓公即位后，不但没有杀掉管仲，反而重用他。为了接见从鲁国回到齐国的管仲，齐桓公洗了三次澡，身上洒了三次香水，并到城外来迎接。

魏文侯礼贤下士、任人唯贤，先后用魏成子、翟璜、李悝为相，以孔子的著名弟子卜子夏为师，对社会名贤田子方、段干木以殊礼相待。有一次，魏文侯与田子方饮酒，席间有人奏钟乐，他听出钟声不协，指出左边音高。田子方因此批评他不该将心思才智浪费在音乐上，而应当专心致力地治理国家，并严肃指出，“君今审于声，臣恐君之聋于宫也”。魏文侯虚心地接受。段干木为当时有才能的儒者，不愿做官。魏文侯欲见他，他竟翻墙而走。魏文侯每次经过段干木住的地方，总要起身扶着车前的横木，以表示敬重。魏文侯再三求见，段干木才与他会面。谈话时，魏文侯一直站着，站倦了也不肯坐。在魏文侯的朝堂上集结了一大批能人志士，像善于治军统兵的军事家、政治家吴起，一心为国不徇私情的乐羊，善于兴水利、除民害的西门豹等人，他们都得到了重用。

公元前333年，齐威王和魏惠王在郊外打猎，魏惠王问齐威王有没有宝物，齐威王说：“没有。”魏惠王自豪地说：“像我这样的小国，还有十颗能前后照车各十二乘的径寸之珠。齐国是个大国，怎么能没有呢？”齐威王郑重其事地回答说：“我所理解的珠宝和你的可不一样，我有大臣檀子驻守在南城，楚人便不敢轻举妄动，泗水流域的诸侯都来向我朝贡；我有大臣田盼驻守在高唐，赵国人便不敢越过黄河捕鱼；我有官吏黔夫驻守在徐州，燕、赵等国的人都非常畏惧，在我国边境上祈求我们不要侵犯，甚至还有七千多家主动迁到齐国来；我还有一个大臣叫种首，让他管理治安，惩处盗贼，现在百姓已经做到夜不闭户，路不拾遗。这些文臣武将能够光照千里，岂止是十二辆车呢!”惠王听后十分惭愧。这反映出齐威王对人才之重视。事实上，齐国从齐桓公时起，就在国都临淄的稷下设置学宫，“设大夫之号”，招徕学者。到齐威王、齐宣王时，稷下人才济济，发展到一千多人，著名的有淳于髡、田骈、接子（一作捷子）、环渊、宋钘（一作宋轻）、慎到、邹奭等七十多人，称为“稷下先生”，“皆命曰列大夫，为开第康庄之衢，高门大屋以尊宠之”。后来，荀况也曾到这里来游学。

鲁缪公曾任用博士公仪休为相，子柳、子思为臣，礼遇当时的贤人申详等人。赵烈侯曾起用番吾君推荐给相国公仲连的牛畜、荀欣、徐越三人。周威公曾选拔中牟农民出身的宁越为“师”。燕昭王为振兴残破的国家，招揽人才，尊郭隗为“师”，诸如此类，不胜枚举。

游说与养士之风

同时，文人学士游说的风气也日渐盛行。一个很平凡的士，通过游说，一经国君赏识，便可被提拔为执政的大臣。例如，卫鞅本是魏相国公叔痤的家臣，入秦后说动了秦孝公，做

到了秦的最高官职大良造；张仪本是魏人，入秦后也做到了秦惠王的相；甘茂本是上蔡监门官史举的家臣，入秦后也做了秦武王的左丞相；范雎、蔡泽也都因游说而做到秦昭王的相国。秦国的情况如此，其他国家也差不多。

从前，只有贵族才有受教育的权利。学校教育的主要内容是六艺：礼、乐、射、御、书、数。随着政治和经济的变革，对士的需要增加，教育也发生变化，民间聚徒讲学的风气开始兴起。孔子是春秋末年第一个聚徒讲学的大教育家和大思想家。到春秋、战国之际，墨翟又起来聚徒讲学，发展成为一个有组织的集团，当时被称为墨者，后人称其为墨家。墨家和儒家，曾经都是“显学”。到战国时代，聚徒讲学成为一种风尚，著名的学者几乎没有不聚徒讲学的，而多数知识分子也把从师作为进入仕途

春秋·秦公铜簋

的重要门径。据说，孟子“后车数十乘，从者数百人，以传食于诸侯”。田骈在齐，也是“货养千钟，徒百人”。连许行这样一个研究农家学说的，到一个小国滕，也有“徒数十人”。只要稍有名气的士，差不多没有一个不是“率其群徒，辩其谈说”的。

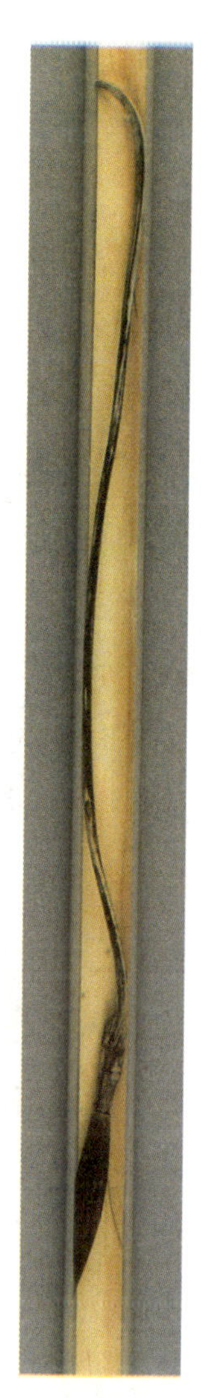
战国·毛笔

到战国中期以后，各国有权势的大臣多养食客。孟尝君田文、平原君赵胜、信陵君魏无忌、春申君黄歇、文信侯吕不韦所养的食客都达三千多人。他们所养的食客中，有各种学派的士，甚至能学鸡叫、扮作狗偷盗的，即所谓“鸡鸣狗盗”之徒也被罗致。这些食客，往往为主人出谋划策，或奔走游说，或经办某项事务，也有代替主人著书立说的，例如，信陵君编《魏公子兵法》，吕不韦编《吕氏春秋》，都是门下食客所为。且看食客们的表现：

赵惠文王弟平原君赵胜要出使楚国，打算带领二十个文武双全的人前往，尽管他平时有食客三千，但文武兼备者却并不多，挑来挑去，只挑出十九个。他叹息说："我费了数十年工夫，养了三千多人，如今连二十个都挑不出，真太令我失望了。"突然有人说："不知我能不能来凑个数？"此人平日没有展露过什么才华，平原君和其他门客连他的名字都不知道，对他的才华十分怀疑，但也只能带他去。这个人就是毛遂。毛遂到了楚国，才华毕显。此次平原君出使楚国的最大目的是商量五国合纵抗秦，让楚国国君担任纵长，但平原君费尽口舌，楚考烈王就是不同意抵抗秦国。此时毛遂拿着宝剑走上台阶，以雄辩口才说服楚考烈王，使其当场与平原君歃血为盟。

春秋·金镡金首铁剑

齐孟尝君派门客冯谖到薛地去讨账收租，临行前，冯谖问孟尝君："收完账后，要买些什么回来？"孟尝君随口说："先生看我家中缺少什么，就买些什么回来吧！"冯谖到了薛地对佃农说："孟尝君体谅大家无力偿还债务之苦，特地派我来，将一切债务免除。"说着，就点火把债券烧掉了。冯谖回到都城，孟尝君见他这么快就回来，就问他买了什么东西。冯谖回答说："我觉得您家中什么都不缺，唯独缺少一个义字，因此，我以您的名义把债券全部烧掉，替您买了义回来。”一年后，齐王嫉妒孟尝君的声望，罢免了他相国的职务。势利的门客都四散而走，只有冯谖和少数忠诚的门客仍留在他身边。冯谖劝孟尝君到薛地去住。当孟尝君的车队到达薛地时，有很多人前来迎接，争相献上酒食。孟尝君不无感慨地对冯谖说：“先生为我买的义，我今天总算真正见到了。”为了孟尝君的安全，冯谖又巧运智谋，筑成狡兔“三窟”，使其高枕无忧。

在战国时代的社会大变革中，各个学派的代表人物，站在不同的立场上，为维护和发展经济，巩固政权，提出了不同的建国方略及哲学理论，开创了“百家争鸣”的局面，这对社会变革及文化学术的发展，起到了促进作用。各派各家之间，相互批判、辩论，进而相互影响；同一学派在发展过程中，也往往发生变化甚至分化。

春秋、战国时代，是中国文化史上独具特色的时代，那么为什么会出现百家争鸣的盛况呢？

百家争鸣的成因

政治因素

新兴地主阶级与奴隶主贵族阶级的对抗一定程度上促成了

“百家争鸣”。春秋、战国时期，正是我国由奴隶社会向封建社会过渡的时期。这期间新兴地主阶级的代表们积极地进行变法活动，与此同时，奴隶主阶级也无奈地应对这一局面。他们此时都急切需要舆论上的准备和思想上的支持，需要一些学者做他们的顾问，为他们出谋划策，最大程度上维护各自阶级的利益。这一期间，代表各阶层利益的思想学说纷起。

各诸侯国对峙是造成“百家争鸣”的重要因素。天下纷扰，各国皆千方百计谋求富国强兵之策。社会的变革促使文化走向民间，游说之士面对剧烈动荡的社会，莫不以匡君救世为己任，纷纷提出自己的政治主张。他们或游说列国，干谒君主；或辅政秉国，以求治世；或课徒讲学，著书立说；或放浪形骸，以批判的形式表达对世俗的关注。

经济因素

战国时期，社会经济繁荣。突出表现在人口猛增上。据统计，合七国人口，总数约为二千万。

铁器的广泛应用，解放了劳动力，为“百家争鸣”创造了良好的物质条件。春秋、战国时代，铁器的广泛应用和生产工具的改进，促进了农业生产的发展和奴隶制的瓦解。据考古发现，中国在商代已有用陨铁锻制的铁刃，到公元前五世纪已经能进行生铁铸造，使用柔化退火制造可锻铸铁，并有了多管鼓风技术，还出现了世界上最早的炼钢术和淬火技术。春秋、战国时期已经广泛地使用铁器，战国后期已经开始使用“V”形铁铧犁，用牛耕田，这些都极大地提高了生产力，从而为“百家争鸣”创造了良好的条件。

大规模的兴修水利增加了农业产量，为“百家争鸣”创造了必要的条件。春秋、战国时期各国陆续开始大兴水利，开凿了邗沟、鸿沟、郑国渠等著名的运河和水渠。战国末年，秦国李冰父子在前人劳作的基础上，完成了举世闻名的水利工程都江堰，从而大大地增加了农作物的产量。

由于铁器的广泛应用以及水利工程的兴修，增加了农作物产量，从而使该时期的经济有了较大的发展，这也使一些人有时间去从事学术活动。

这一时期，手工业也格

战国·铁镰范

外发达，专业制造分工愈见细密；商业空前兴隆，重商趋利已成为一种时尚；为互通有无，货物穿行于各国之间。“天下熙熙，皆为利来，天下攘攘，皆为利往。”大商小贩，十分活跃。赵都邯郸、齐都临淄、魏都大梁（今河南省开封市）及周室之都洛阳等都是当时著名的商业城市。司马迁在《史记》中生动描绘了战国经济繁荣、社会生活富裕的景象：魏国“人民之众，车马之多，日夜行不绝，輷輷殷殷，若有三军之众。”齐都临淄“甚富而实，其民无不吹竽鼓瑟，弹琴击筑，斗鸡走狗，六博，蹋鞠者。临淄之涂，车毂击，人肩摩，连衽成帷，举袂成幕，挥汗成雨，家殷人足，志高气扬”。齐国“粟如丘山”，粮食多到如山丘。其他国家的粮食也很丰足，多有储积，足够国内数十万、上百万军队支用几年，甚至十年。这些描写，不无夸张的色彩，但确实反映了战国经济的繁荣。

科技因素

春秋、战国时期在自然科学技术方面，如天文学、数学、农学和自然哲学等多方面均有很大发展，也都达到了较高水平。

春秋时期已经采用十九年置七个闰月的方法。公元前四世纪的战国时代已经使用了四分历。我国很早就开始了天文观测，关于日食、月食、彗星、流星等的观测记录都是世界上最早的。战国时期，齐国人甘德著《天文星占》八卷、魏国人石申著《天文》，后人合称为《甘石星经》。他们观测了金、木、水、火、土五个行星的运行。甘德已发现木星的三号卫星，比意大利伽利略和德国麦依耳的同一发现早了近两千年。甘德、石申所测定的恒星记录，是世界上最早的恒星表。

战国末年，我国已发现了磁石的指南性，并制成了“司南”，这是世界上最早的指南仪器。

在数学方面，商代人已使用了十进位法，有了画圆和直角的工具。春秋末期《孙子兵法》里已有关于分数的记载，战国时期的《管子》、《荀子》等书中记载了九九乘法表。墨家的《墨经》中提到了几何学中的点、线、面、圆乃至极限和变数的概念。

在农学方面，成书于公元前239年的《吕氏春秋》中的《上农》、《任地》、《辨土》、《审时》四篇论文是专讲农业的。《上农》讲农业政策，主张以农业为本，工商为末，这种“崇本抑末”的政策成为后来各代封建统治者一直坚持的重要政策；其余三篇专讲农业技术，总结了先秦劳动人民的生产经验，包含着农业生产方面丰富的辩证法思想，反映了春秋、战国时期的农业技术水平。

探讨世界万物本原也是中国古代自然哲学的重要内容。战国时期的阴阳家邹衍已将阴阳概念和五行观念结合起来，用阴阳来统帅五行，试图用阴阳五行对自然界和社会作统一的解释。这时期也有用一种具体事物来说明世界本原的观点。

关于宇宙结构的学说也是中国古代自然哲学的重要内容。先秦早期就有了天圆地方说，西周时代则有了盖天说，在盖天说的基础上，齐国人邹衍提出了九大州的地理学说，他认为中国是世界上八十一分之一，叫作赤县神州（这也是神州大地的最早表述）。相当于赤县神州大小的州共有九个，组成九大州。每大州四周有“裨海”环绕，整个九大州的四周，也有“大瀛海”环绕。这一学说开阔了人们的眼界，是人类对世界地理认识史上的一大进步。此后赵国人又提出了地圆说。

文化因素

私学的兴起，其结果是打破“学在官府”的局面，使原来只有贵族垄断的文化学术向社会下层扩散。

各学术团体与政治权势是相对独立的。他们虽从不同的利益集团出发，纷纷著书立说，议论时事，阐述哲理，各成一家之言，但是他们并非政治附庸，而是“用我则留，不用我则去”。

此外，各个学派之间、同一学派的不同流派之间，既相互斗争又相互学习和借鉴。这也是促成百家争鸣的另一重要因素。

战国韩·铜壶

【第三章】

蔚为壮观的百家争鸣

当历史的篇章翻到春秋、战国时代，一种奇玮的景象便出现在我们的面前：思想界犹如峰峦竞相争高，随着一个大师的出现，一种思想便被推向高峰。这个时期究竟有多少思想家？据班固《汉书·艺文志》著录的书目看，诸子之作约近百种。用“百家”形容诸说林立，早在战国已经流行。《庄子·秋水篇》说公孙龙“困百家之知”，荀子称诸子为“百家之说”。至西汉，司马迁称诸子为“百家之术”。此后遂成习惯，一提到诸子百家，人们自然就会想到战国的学海。

人们把流派称为“家”。“百家”是形容思想流派之多。由于阶级、阶层、政治倾向以及思维方式不同，思想家理所当然要分为不同的流派。

事实上，各派并非铁板一块，而是派中有派。流派之争和派内之争，把无数问题摆在了思想家的面前，迫使他们把思维的触角伸到各个领域，上论天，下论地，中论万物与人事，纵论古今。因此，他们的著作大都具有百科全书的性质。

百家争鸣促进了人们的认识向某一方面或某一领域的重点推进，以及对事物的综合考察与深入分析。百家与百科相激，于是人们对每一个问题都能从不同角度提出看法，少者数种，多者十余种，可谓异彩纷呈。

诸子百家的存在与争鸣，是中华民族文化成熟的标志。在以后长达两千年的封建社会历史长河中，各种思想差不多都可以从战国诸子中找到原形或雏形。直到今天，社会科学中的许多问题，或多或少都可以从诸子中找到相应的命题或思想源头。

孔子与儒家思想

孔子（前551—前479），儒家学派的创始人，名丘，字仲尼，春秋后期鲁国陬邑（今山东省曲阜市东南）人，父亲叔梁纥曾任陬邑大夫。孔丘早年丧父，家境贫寒，勤奋好学，博学多识，年轻时曾在鲁国担任过管理仓库的“委吏”和看管牛羊的“乘田”一类的小官。后来，由中都宰升任司空，由司空转任司寇，与闻国政。由于政见不被采纳，孔子离开鲁国，周游齐、卫、宋、郑、陈、蔡、楚等国十四年。在周游列国的过程中，各诸侯国国君和执政的卿大夫们并没有采纳他的政治主张，也不重用他，途中历尽千辛万苦，有几次甚至险些丧命，最后他又回到鲁国讲学。由孔子门人根据孔子的言论整理成的《论语》，是孔子思想的集中反映。

孔子像（明人绘）

孔子是中国历史上伟大的思想家，在礼崩乐坏的春秋时期，孔子以其敏锐的洞察力，对春秋时期社会动乱的原因进行了深入思考，并试图找到解决这些社会问题的方法。

教育是孔子心爱的事业，政治是他的抱负，匡时救世是他的理想。他曾说：“假如有用我的，一个月就可以有起色，三年便会有成就。”但是这个梦想只是一厢情愿而已。

孔子的政治思想带有明显的时代特色。他非常崇拜周公的政治，主张“天下有道，则礼乐征伐自天子出”，“天下有道，则政不在大夫”，“天下有道，则庶人不议”。“有道”是他的理想政治和基本原则。所有的人都按照礼制规定，贵贱有等，上下有序，各出其位，各称其事，建立起“君君，臣臣，父父，子子”的秩序；在社会地位上严格君子、小人之分；在宗法关系上强调不遗故旧、父子相隐；痛恨“犯上作乱”。这些思想维护的是政治和宗法的双重等级秩序。

孔子认为，要达到有道，最有效的手段是正名，他说“名不正则言不顺，言不顺则事不成”。正名就是以周礼为准则，正定名分，即君臣各安其位，遵守自己的本分，不越位，不僭礼。而要实现“正名”，不能单靠政治手段，还必须借助于道德和礼制，而且要把德和礼放在首要位置。他说“道之以政，齐之以刑，民免而无耻；道之以德，齐之以礼，有耻且格。”在孔子看来，从政的人如果真正能以德治国，就会如北极星受众星拱卫一样，得到人民的拥护。他希望社会恢复稳定，人民所受的痛苦能减轻。

孔子思想中最丰富的是伦理学说。他提出的“仁”学，以前的政治家也提到过，但从来没有像孔子这样详细而深刻地阐发过。“仁”是孔子学说的核心。

什么是“仁”？孔子回答说，“仁者爱人”，“克己复礼为仁”（即克制自己，使自己的行为符合周礼的规范）。克己、爱人、复礼三位一体，内在精神修养与外在行为规范互相制约、互相补充。

曲阜孔庙大成殿

孔子主张仁必须出乎本心，不事虚饰，强调事君尽忠，事父母尽孝，对兄长能悌，交朋友要信，这都是仁的根本。“己欲立而立人，己欲达而达人”，一直做到“博施济众”，达到尧舜也难做到的最理想的境界。爱人、恭敬、谨慎、含蓄、制欲、刚毅、朴素等等，都是仁的表现或方法。仁者必须有勇气、乐观，能吃苦，甚至“杀身成仁”，不要“求生害仁”。

他还提出忠、信、恕、直等概念，他说没有忠信，在州里就行不通，没有信就像车子的辕与衡之间缺少了连接的零件，简直行走不了。他要求人们“己所不欲，勿施于人”。要秉心正直，不贪小利，不逞一朝之忿，不结党营私，不畏强暴，坚持岁寒时节的松柏节操，在浮华的世界里视富贵如浮云，要发愤求道不要以衣食简陋而自觉寒伧……如果人人都能做到这些，人人都是“君子”，这个社会当然就太平无事。我们仅从思想史的角度来看，不能不说孔子是中国哲学史上著名的伦理学家，后来历代的哲人谈论这个问题都要索源于他，并不断加以充实，成为世界上罕见的、完善的伦理哲学。

孔子认为，人的自然本性都是相近的，环境习惯使人们变得各不相同。他提出人们求得知识有生而知之、学而知之、困而学之、困而不学等几种情况，虽然生而知之带有先验论，但也可表达为有的人具有很好的天赋。整体来说，他主张知识来源于对客观事物的认识。所以，他特别强调学习的重要性，学习能改变人的认识和品质的片面发展。他说如果想做到仁、智、信、直、勇、刚、敬等等而不去学习，就会分别流于愚、荡、贼、绞、乱、狂。孔子所说的学习既包括古代典章制度、简策记载的文化知识，也强调从现实社会人事中去学习，故而要多闻多见，又不能道听途说，要持谨慎态度。要防止主观片面，“毋意、毋必、毋固、毋我”。要有面向客观的求实态度。他说“三人行，必有我师”。学习有待于深化，要注意“温故而知新”、“学而时习之”、循序渐进，要学会推理，能“闻一知十”、“举一反三”。

学思结合，学用结合，由感性认识发展到理性认识，是孔子认识论的一个重要内容。他说：“学而不思则罔，思而不学则殆。”把学与思结合起来，但须以学为基础。学了就得去用，否则是白费。孔子一再反对说多做少，提倡“讷于言而敏于行”。孔子宣扬天命，但是对鬼神却持怀疑态度。

孔子最大的抱负虽在政治，但他最大的成就却在教育。孔子的教育思想和教育方法，在中国，都是首创的。他是第一个突破“学在官府”，将受教育的权利下放到平民社会中来的人。商周时代是官府设学，学生是贵胄子弟，而孔子宣布“有教无类”，设坛讲学，不分阶级、不分国界，只要有心向学，都可以成为孔子的学生。据说他的学生达到三千人，有成就者就有七十二人。

孔子强调人的后天教育，他一再表明自己是因为好学才博学多能。他说“学而不厌”，强调学习必须勤奋、热心、专注，要做到“发愤忘食”的程度，才有所得；必须持之以恒，一贯到底，好像堆一座山，差一筐土也会前功尽弃；不仅刻苦而且要乐于学习，充分发挥自觉性，效果才会更大。他说：“知之者不如好之者，好之者不如乐之者。”

他乐于教人，把“诲人不倦”纳入他的仁学中。他注意启发教学，循循善诱，不搞填鸭式，主张在学生本人主动要求的基础上去引导，所谓“不愤不启，不悱不发”。他实行因材施教，首先了解学生所长所短，然后有针对性地施教，同一问题对不同的弟子作不同的解释，对不同气质的学生采用不同的教法。

孔子把教学与教人、做人结合在一起，他慨叹“古之学者为己，今之学者为人”。学习应该是为自己提高知识和德行，这就叫“为己”，不是学了去炫耀于人、哗众取宠，即“为人”。所以，学习的结果是造就品学兼优的“君子”。他很重视培养弟子的志趣、精神，启发他们把学有心得和达到做人的理想境界当作愉快的事。同时，他把音乐、游泳、美术、射驭等教育手段都利用起来，培养学生的高尚志趣和实际能力。

孔子的教育从形式、理论、教学思想到教材、教学方法、教学手段都形成了一个完整的体系。

孔子教学图

两千年来，孔子倡导的和谐、友爱、克己、为人、团结、凝聚的群体主义伦理道德，孔子践行的教育观念和教育思想，在历史上产生了巨大的影响。

战国时期，儒家代表性的人物是孟子和荀子。

孟子，名轲，邹（今山东省邹县）人，约生于公元前372年，死于公元前289年。他原是鲁国贵族孟孙氏的后代，与孔子十分相似，孟子也十分热衷于政治，他曾自负地说：“如欲平天下，舍我其谁？”他曾游历齐、魏、宋、鲁、滕等国，但他的政治主张不为各国诸侯所用，晚年又回到邹国，著《孟子》一书。孟子继承并发扬了孔子的学说，成为仅次于孔子的一代儒学宗师，有“亚圣”之称。

孟子像

孟子继承和发展了孔子的德治思想，提出仁政学说。他认为，统治者实行仁政，可以得到人民的衷心拥护；反之，如果不顾人民的死活，推行暴政，将会失去民心而变成独夫寡人，被人民推翻。他说，“仁者无敌”，“得道者多助，失道者寡助”，就是说，行仁政者无敌于天下，仁者统治下的人民具有无穷的战斗力。

孟子的“仁政”，表现在关心人民的疾苦上。他主张“制民之产”，八口之家有五亩之宅、百亩之田，住宅边种着桑树，家中养着鸡、狗、猪等家畜，吃得饱，穿得暖，上可以赡养父母，下可以养育妻子。统治者要“省刑罚，薄赋敛”，“勿夺其时”。这实际上就是要巩固耕织结合的个体小农经济，为巩固新兴的封建政权提供理论基础。

孟子根据战国时期的经验，总结出治乱兴亡的历史规律，提出了一个富有民主精神的著名论题：“民为贵，社稷次之，君为轻”，认为如何对待人民，对于国家的兴亡极为重要。孟子这种可贵的政治思想，与其关心人民疾苦是密不可分的。孟子敢说“民贵君轻”，认为对于残害百姓的国君，国人可以诛杀。这对统治阶级是不利的。

孟子的“仁政”还包括“谨庠序之教”，要求统治阶级办教育，要人民懂得“孝”、“悌”的道理，实现“父子有亲，君臣有义，夫妇有别，长幼有序，朋友有信”，维护封建秩序。

他主张恢复井田制，这与土地私有已经普遍存在的现实格格不入，是违背社会发展规律的。

孟子反对兼并战争，他说：“善战者服上刑。”“五霸者，三王之罪人也；今之诸侯，五霸之罪人也。”对于那些能征善战的国君、将领要处以最重的刑罚。

孟子提出：“劳心者治人，劳力者治于人；治于人者食人，治人者食于人，天下之通义也。”孟子这种严格区分统治者与被统治者的理论受到历代封建统治阶级的推崇。

孟子主张性善论，这是他哲学思想的基础。人性问题早在春秋时期就已经提出来了。孔子主张“性相近”，还没有涉及到人性的善恶问题。孟子提出了性善说。其核心是“人皆有不忍人之心”，即“恻隐之心”、“羞恶之心”、“恭敬之心”、“是非之心”，合称“四心”。“仁”、“义”、“礼”、“智”是从性善发端的，“恻隐之心”是“仁之端”；“羞恶之心”是“义之端”；“恭敬之心”是“礼之端”；“是非之心”是“智之端”，合称“四端”。“仁”、“义”、“礼”、“智”，不是后天形成的，而是本性所固有的。孟子的伦理范畴还有信、忠等等，但仁、义、礼、智是其核心。与孔子相比，孟子的贡献主要在于把伦理范畴与人性善结合在一起，这在儒家伦理观念史上具有划时代的意义。

孟子继承了孔子的“天命”思想，他说：“莫之为而为之者，天也；莫之致而至者，命也。”这就是说，没有人去做而自然做出来的，就是天意；没有人邀请而自然到来的，就是命运。他还说，只要充分发展善良的本性，就懂得了人的本性；懂得了人的本性，就懂得天命了。这样就能达到“天人合一”的境界，也就能够顺“天命”了。

孟母教子图（清人绘）

孟子说：“五百年必有王者兴。”五百年左右就会出一个“明君”、“圣人”，周而复始地循环。孟子开始把原始的五行说和主观唯心主义结合在一起。孟子维护儒家学说，贬斥杨朱和墨子，在儒家发展史上占有重要地位。

荀子，名况，字卿，又叫孙卿，赵国人，生卒年不详，他的学术活动约在公元前298年至前238年。荀子到过齐国稷下讲学。晚年在楚国担任过兰陵令。他的言论保存在《荀子》一书中。

荀子的政治思想是“礼治”。他把礼放在刑和法之上，认为治国主要靠礼义道德的教化，礼治的基本要求是维护“上下有序，贵贱有等”的封建秩序，即君臣、父子、兄弟、夫妇的封建制度和伦理纲常。

荀子主张维护私有制和社会等级制度，把君臣关系说成是“与天地同理，与万世同久”。他的政治思想继承了儒家贵贱有等的理论，这对后来“三纲五常”封建伦理道德的形成有很大的影响。

荀子既重“礼义”，也重“刑法”，他说“治之经，礼与刑”，把礼与刑作为治国的根本。又把礼赋予法的含义：“礼者，法之大分，类之纲纪者也。”可以看到荀子思想中有法家思想的成分。

与孟子截然相反，荀子主张人性恶，认为人本性“好利而恶害”。他说：“目好色，耳好声，口好味，心好利，骨体肤理好愉逸。”人为了满足这些欲望就必然发生争斗，这就是性恶的原因。荀子认为人性恶是先天就有的。人性的自由发展会带来不可收拾的恶果，因此必须对人性进行改造。他认为“礼义”、“法”、“刑”可以改变“性”，老师的教育、环境和习俗的熏陶和修身可以改变性。他说，只要沿着仁义走，普通的人也可以成为尧舜那样的圣人。

荀子像

荀子提出了“天行有常”的唯物主义自然观和“制天命而用之”的人定胜天思想，批判了天命论和鬼神迷信思想。荀子说凡是像日月食、风雨不调、怪星出现等自然现象哪一代都有。国家太平，即使自然界常有怪异出现，也无伤；国家混乱，即使这种现象一次也没有，也无益。这就批判了长期以来人们把政治的好坏与自然现象相附会的思想。

从殷周以来的古代世界存在浓厚的天命思想，“天”被说成是有意志的，是神，要求人们顺从、屈服于“天”，努力达到“天人合一”的境界，求得吉祥福佑。荀子认为“天”是没有意志的，是自然现象，因此他反对迷信、巫祝、祈祷。荀子强调人的力量，他说："强本而节用，则天不能贫；养备而动时，则天不能病；循道而不二，则天不能祸。"这是一种可贵的无神论思想。

不仅如此，荀子还进一步明确提出了人定胜天的思想，他说："大天而思之，孰与物畜而制之；从天而颂之，孰与制天命而用之。"这就是说与其尊天的大而思慕它，不如把天当作物来畜养并制服它；与其歌颂天，不如掌握自然变化而利用它。

荀子认为世界是可知的，能够认识事物，是人的本性；事物又是可以被认识的。荀子是杰出的唯物主义思想家，在思想史上占有重要地位。

老子与道家思想

理想的国家和社会应该是什么样的呢？道家学派的创始人老子进行了这样的描绘：

> 小国寡民，使民有什伯之器而不用，使民重死而不远徙，虽有舟车，无所乘之，虽有甲兵，无所陈之，使人复结绳而用之。甘其食，美其服，安其居，乐其俗，邻国相望，鸡犬之声相闻，民至老死不相往来。

这个理想社会的主要特征是：其一，国家小，人口少；其二，人们在极其原始的状态下生活，没有一切可以用于社会生产与生活的器具，文化极不发达，人民依然停留在结绳记事的水平上；其三，在理想国中，人们没有知识，没有欲望，对于原始质朴的生活十分满足；其四，国与国之间，人与人之间没有任何交往，过着十分封闭的生活。

老子，即老聃，生卒年不可考，其生活年代与孔子同时，而年纪稍长于孔子，据说孔子曾经问礼于老子。老子是楚国苦县（今河南省鹿邑县）人，后来在周朝担任过守藏史，其思想主要保留在后来成书的《老子》（也叫《道德经》）一书中。

老子像（明人绘）

道家之所以被称为道家，最主要的是他们都讲“道”，道是他们整个理论的核心，也是整个理论体系赖以存在的基础。抽去了道，道家就失去了脊梁。道法自然是道家思想的一大特点。

“道”是老子哲学的核心概念，《老子》一开篇便说：“道可道，非常道，名可名，非常名。无名，天地之始，有名，万物之母。”在老子看来，被称之为“道”者事实上可以一分为二，一种是常道，即一般的道；另一种是非常道，即特殊的道。凡是可以用语言表达的道，都不是“常道”，常道是不可以用语言来表达的。所以，常道无名，而非常道有名。老子所说的非常道，是由常道派生出来的具体的道，自然界中每一事物都有自己的道。

在老子看来，道先于物质世界而存在，而且独立于物质世界，同时又是物质世界的本原。

老子所说的道，不是物质的道，老子曾说“天下万物生于有，有生于无”。另外，老子又说：“道生一，一生二，二生三，三生万物，万物负阴而抱阳，冲气以为和。”在中国传统思想中，一是一个物质的概念，相当于老子前面所说的有，而老子所说的能够生一的道，则不是物质的概念，相当于他所说的有生于无的“无”，老子对于世界的基本看法是，物质的世界产生于精神的世界，世界不是统一于物质，而是统一于精神。

在老子的思想学说中，道也是价值判断的标准，道不仅可

元人绘《老子授经图》（局部）

以用于品分自然界万物的良否，而且也可以用于判断人类社会生活的善恶，只有与道的基本精神相符合的状态才是最理想的状态。因此，老子主张与道认同，恪守道的基本精神。

老子认为，宇宙万物之间存在着对立统一的关系，“有无相生，难易相成，长短相较，高下相倾，音声相合，前后相随”。事物之间，无此则无彼，无彼则无此。在道的支配下，事物又是向着自己对立的方面转化的，“反者道之动，弱者道之用”。老子有一句非常著名的话，“祸兮福之所倚，福兮祸之所伏”，这是说明事物不是永恒不变的，在一定的条件下，会向相反的方面转化。

老子还根据道的精神设计了理想的社会——小国寡民。老子的政治理想在本质上与他所生活的时代是格格不入的。在他看来，现实生活中的一切都不符合道的原则，都是人类社会从最理想的时代逐渐衰败的结果。老子否认人类社会在长期的历史实践中积累起来的一切文明成果，认为人类群体生活所必需的伦理规范、礼义制度都没有价值。

在老子看来，人类社会不是进化的，而是不断倒退的，这种看法并不符合人类社会不断发展的事实。但是，老子倒退的历史观的另一面，却是强烈的社会批判精神，老子说："大道废，有仁义，智慧出，有大伪，六亲不和，有孝慈。"老子的这一说法无疑揭示了一个基本的事实，即人与人之间的利害冲突是不可避免的，仁义道德等伦理原则的产生，在某种程度上恰恰是人与人之间关系日益紧张的结果。

在政治上，老子主张无为而治。在老子看来，无为是最高的境界，"道"是人类社会最理想的状态，而无为正是达到道的境界的最直接的途径。如果统治者能够以无为治国，民众就一定会良善，如果统治者以所谓的"智慧"治国，民众必然丧失良善的品质。统治者的政令愈繁苛，社会秩序反倒愈混乱，统治者在主观上越希图致治，其结果越适得其反。

如何达到无为而治呢？老子是这样回答的：社会道德的沦丧，在于人有争夺之心，而纷争之心的根源则在于尚贤，如果不尚贤，就可以收到制止社会纷争的效果。

现实生活中之所以多有盗贼，其中重要的原因是人们常常人为地提高难得之货的价值，所以，才刺激了一些人的欲望，进而产生了盗贼。因此，老子主张：“不贵难得之货，使民不为盗。”

老子认为，社会之所以动乱不安的根本原因，在于人类社会的礼义制度和文化知识。人类社会的一切文明成果不仅不利于社会秩序的安定，反而在客观上导致了人类道德的败坏和社会秩序的混乱。专制国家的统治者以智治国，民众也相应地变得聪明，运用智慧反抗统治者，其结果必然是越治越乱，所以，治理国家的要诀是绝圣弃智，绝仁弃义。

老子认为，在任何时候，战争都是天下无道的表现。他说，“兵者，不祥之器”，“大军之后，必有凶年”。因此，统治者对待战争应该慎重，只有在不得已的时候才能发动战争。

庄子像

道家的另一位代表人物庄子，名周，宋国蒙（今河南省商丘市附近）人，约生于公元前369年，死于公元前286年，他的出身可能是没落贵族，曾任漆园吏，没多久就归隐了。

庄子的思想，保存在《庄子》一书中。《庄子》分“内篇”七篇，“外篇”十五篇，“杂篇”十一篇。过去传统的看法，认为“内篇”是庄子自己的著作，“外篇”、“杂篇”是后人的著作。

庄子的思想，以老子为依归。但老子重在阐述自然无为的政治哲学，庄子则重在探求个人在沉重黑暗的社会中，如何实现自我解脱和自我保全的方法。在他看来，最理想的社会是上古的混沌状态，一切人为的制度和文化措施都违逆人的天性，因而是毫无价值的。对于个人人生，庄子强调“全性保真”，舍弃任何世俗的知识和名誉，以追求宇宙的抽象本质，从而达到绝对的和完美的精神自由。庄子对现实有深刻的认识和尖锐的批判。不同于其他人只是从统治者的残暴来看问题，庄子更为透彻地指出，一切社会的礼法制度、道德准则，本质上只是维护统治的工具。他说，常人为防盗，总把箱子锁得很牢，遇上大盗，连箱子一起偷了。“圣知仁义”就是锁牢箱子的手段，大盗窃国，“窃钩者诛，窃国者侯”。

庄子的这些思想，从积极意义上说，揭示了社会统治思想的本质，表现了摆脱精神束缚的热望，为封建时代具有反传统精神的文人提供了哲学出发点；从消极意义来说，它所追求的自由只是理念上而非实践上的自由，提供给人们的只是逃避社会矛盾的方法，因而始终能够为统治者所容忍。

庄子把生死、贫富、饥渴、寒暑等，说成是命中注定的，要人民做自然的奴隶，做阶级压迫的奴隶。他说“天”、“地”对每个人都是一样的，被剥削阶级为什么那样贫困呢？也是命运的安排。他要人们不要去奔波，更不要反抗，达到“坐忘”。忘掉一切，忘掉自己，忘掉外界。

庄子反对社会进步，鼓吹愚昧。“绝圣弃知，大盗乃止”。没有了圣贤才智的人，大盗也没有了，社会也安宁了。因而主张社会回到“浑沌”世界去，大家都不要有知识，都愚昧。

庄子还宣扬虚无主义，他描绘了一种超脱人世的所谓“至人”、“真人”。这种人水、火伤害不了他，活也无所谓，死也无所谓，随随便便地来，随随便便地去，没有忧患，没有利害烦恼，随便遨游太空，达到理想境界。他妻子死了，他敲起瓦盆唱歌，这就是庄子的“鼓盆而歌”，他的好友惠施认为他太过分了，他却说生死就像春夏秋冬更替一样。

庄子主张的“浑沌”世界，比老子的“小国寡民”更为原始。这里没有开发，树木杂草丛生，飞禽走兽成群，人与禽兽同居，与万物并存，这就是庄子描绘的理想世界，他认为人类应该像牛马在草原上自由漫步那样，过着“天放”的生活。他的理想世界最主要的特征是人完全回归到自然。

庄子的哲学思想和老子一样，也以“道”作为天地万物的本源，他发展了老子哲学的消极部分。庄子对“道”作了系统的阐述。“道”本身既是有情有实的，又是人们看不见、摸不着的。“道”是根本，天地还没有的时候，它就已经存在了。到底从什么时候开始，什么时候终了，也不知道。鬼神、上帝、天、地都是由“道”生出来的。自然界的万物也是“道”生出来的，“道”是天地万物的本源。“道无始终，物有死生”。“道”是永恒的、绝对的、无变化的；万物是暂时的、相对的、有变化的。“道”无所不在。

庄子的“道”和老子有不同的地方，老子的“道”是客体，庄子的“道”是指人的主体精神。他认为人只要自以为精神上得“道”，就可以与“道”同体。“天地与我并生，而万物与我为一”。天地和万物与“我”是合而为一的东西，“道”既然存在于天地万物中，也就存在于“我”，“我”就是“道”，“道”就是“我”，世界就成为“我”的主观观念的产物。

庄子的认识论是相对主义，在庄子看来，万物都是相对的，只有“道”才是绝对的，永恒不变的。庄子从相对主义的认识论又走到极端怀疑论。“庄周梦蝶”的故事说的是：有一次，庄子做梦，梦见他自己看见一群蝴蝶自由快乐地飞翔，令他羡慕不已。于是自己也变成了蝴蝶，到处遨游，自在极了，根本忘记了自己是庄子。忽然醒来，才知道自己仍是庄子，于是就产生了疑问，到底是庄子梦见了蝴蝶，还是蝴蝶梦见了庄子呢？这个问题谁能回答？这个是非谁又能辨别清楚呢？在庄子看来，物与我是分不清的，是融为一体的。世界是不可知的。事物本没有质的差别，生死是自然万物的变化而已，没有什么根本的区别。

庄子哲学是战国时期重要的思想流派，在中国思想史上有很大的影响。道家学派中庄子与老子齐名，并称"老庄"。庄子提出和论证了哲学上的一系列问题，开拓了人们的思路和眼界。庄子学说不完全是消极的，也有积极的思想。例如，他认为万物都在急剧地变动，无时无刻不在变动，这是很辩证的思想。

孙子与兵家思想

孙子，名武，字长卿，春秋末期人，他出生于齐国乐安（今山东省惠民县），生卒年月不可考，大约与孔子（前551—前479）同时。他的祖父、父亲都是善于带兵作战的将领，他从小也耳闻目睹了一些战争，培养起了对军事的兴趣。孙武生活的齐国，内部矛盾重重，危机四伏。当时南方的吴国自寿梦称王以来，联晋伐楚，国势强盛，很有新兴气象。孙武认定吴国是他施展才能的地方，于是告别齐国，长途跋涉，投奔吴国。

孙武来到吴国后，结识了伍子胥。伍子胥原是楚国的名臣，公元前522年因父亲伍奢和兄长伍尚被楚平王杀害而潜逃到吴国。他立志兴兵伐楚，为父兄报仇。孙武结识伍子胥后，十分投机，结为密友。这时吴国的局势也处于动荡不安之中，两人便避隐深居，待机而发。

公元前515年，吴国公子光利用吴国伐楚，国内空虚的机会，以专诸为刺客，袭杀吴王僚，然后自立为王，称阖闾。阖闾即位后，礼贤下士，任用伍子胥等一批贤臣。他又体恤民情，不贪美味，不听淫乐，不近女色，注意发展生产，积蓄粮食，建筑城垣，训练军队，因而深得民心，吴国呈现出一派欣欣向荣的景象。阖闾又注重搜求各种人才，立志要使吴国更加强盛，并向长江中游发展，试图灭楚称雄。隐居吴国的孙武，一边灌园耕种，一边写作兵法。

阖闾即位三年，即公元前512年，吴国国内稳定，仓廪充足，军队精悍，向西进兵征伐楚国的准备工作已经基本就绪。伍子胥向阖闾提出，这样的长途远征，一定要有一位深通韬略的军事家筹划指挥，方能取胜。他向吴王阖闾推荐了正在隐居的孙武，向吴王介绍孙武的家世、人品和才干，称赞孙武是个文能安邦、武能定国的盖世奇才。在伍子胥的反复推荐之下，吴王答应接见孙武，于是孙武带着自己写好的《孙子兵法》

十三篇来到了吴宫。

在接见中，通过与孙武的会谈和孙武“吴宫教战”的演习，吴王认识到孙武是难得的人才，最后拜孙武为将军。

在孙武的严格训练下，吴军的军事素质有了明显的提高。公元前506年，楚国攻打已经归附吴国的小国——蔡国，给了吴军伐楚的借口。阖闾和伍子胥、孙武指挥训练有素的三万精兵，溯淮而上，直趋蔡国与楚国交战。楚军见吴军来势凶猛，不得不放弃对蔡国的围攻，收缩部队，调集主力，以汉水为界，加紧设防，抗击吴军的进攻。不料孙武突然改变了沿淮河进军的路线，放弃战船，改从陆路进攻，直插楚国纵深。一直攻入楚国的国都郢（今湖北省江陵县），楚昭王带着妹妹仓皇出逃。孙武以三万军队攻击楚国的二十万大军，获得全胜，创造了以少胜多的光辉战例。由于这次战役具体作战地点在柏举（今湖北省汉川东北，一说麻城东

吴王夫差的青铜剑

北），故被称为吴楚“柏举之战”。此后，吴又继续伐楚，楚为免亡国，将国都由郢迁到都鄀（今湖北省宜城县东南）。

阖闾去世后，由太子夫差继承王位，孙武和伍子胥整顿军备，以辅佐夫差完成报仇雪耻大业。公元前494年春天，越王勾践调集军队从水上向吴国进发，夫差率十万精兵迎战于夫椒（今江苏省吴县西南太湖边），在孙武、伍子胥的指挥下，大败越军，围勾践于会稽山。勾践无奈只得向吴屈辱求和。

孙武一生南征北战，其事迹用司马迁的话来总结：“西破强楚，入郢，被威齐晋，显名诸侯，孙子与有力焉！”

孙武的一生，除了赫赫战功以外，更主要的是他给后人留下了珍贵的论兵、论政的篇章——《孙子兵法》。它的问世，标志着独立的军事著作从此诞生。它比色诺芬（前403—前355或354）号称古希腊第一部军事理论专著的《长征记》，比罗马军事理论家弗龙蒂努斯（约35—约103）的《谋略例说》、韦格蒂乌斯（四世纪末）的《军事简述》，不仅成书时间要早，学术性要强，而且有独特新颖的思想体系。它是我国也是世界上现存最早、最著名的军事著作。孙子被古今中外的军事家一致尊崇为“兵家之祖”、“兵圣”。《孙子兵法》中的许多精辟论断已成为脍炙人口的名言，如“知彼知己，百战不殆”、“攻其无备，出其不意”、“上兵伐谋”等。

《孙子兵法》讲的都是如何克敌制胜的战略战术，内容丰

《孙子兵法》竹简（汉墓出土）

富，文字精练，体系完整而严密。全书十三篇，凡五六千言，依次为《计篇》、《作战篇》、《谋攻篇》、《形篇》、《势篇》、《虚实篇》、《军争篇》、《九变篇》、《行军篇》、《地形篇》、《九地篇》、《火攻篇》、《用间篇》。

孙武的军事理论，博大精深，是对春秋时期战争实践经验的全面总结。孙武认为，战争是决定国家生死存亡的大事，要以严肃认真的态度来对待；决定战争胜负的五个因素是道、天、地、将、法，而以“道”为首；战争的最高境界是“不战而屈人之兵”的“全胜”，而非攻城略地；战争肯定要使用诡诈，他明确地提出了“兵以诈立”的作战原则。同时，他还十分重视情报的搜集和间谍的使用，强调要树立常备不懈的战备思想，要掌握战争的主动权，致人而不致于人等。

作为一种军事理论，《孙子兵法》以其科学的体系和内容，对后世产生了深远影响。明代兵家学者茅元仪说：“前孙子者，孙子不遗；后孙子者，不能孙子”，这是对《孙子兵法》最为准确的评价。

孙膑像（清人绘）

在孙武之后一百多年，在齐鲁大地上又出

现了一位伟大的军事家——孙膑。孙膑，齐人，生卒年代不可考，活动年代约在公元前380年至前320年，他是战国时兵家的代表人物。孙膑是孙武的后世子孙，曾与庞涓一起学习兵书，后庞涓担任魏惠王的大将，嫉妒孙膑的军事才能，以膑刑加以陷害，后孙膑逃亡齐国，受到大将田忌和齐威王的礼遇，成为了一代兵学大师，几乎与孙武齐名，二人被誉为“兵坛两孙子”。田忌赛马、围魏救赵及马陵之战都显示了孙膑过人的智慧。

孙膑的军事著作《孙膑兵法》继承和发展了孙武、吴起等人的军事学说，总结了战国丰富的战争经验。《孙膑兵法》和《孙子兵法》具有同等重要的价值，是我国古代军事学的又一杰作。

除孙武、孙膑外，春秋、战国时期著名的兵家人物还有吴起等。吴起不仅是战国时期著名的政治家，也是著名的军事家。他将自己丰富的战争经验和长期研究军事理论的精湛卓越的见解进行了认真总结，写成了

《孙膑兵法》竹筒（汉墓出土）

《吴子兵法》。

《吴子兵法》总结了战国初期的作战经验，揭示了战争的一些规律，包含着朴素的唯物论和辩证法因素。

吴起提出了“内修文德，外治武备”的主张，既要重视政治，又要重视军事；既要发挥政治的强大威力，又要常备不懈。他还认识到军队若得不到人民支持，失败就不可避免，这是吴起的军事思想与他的政治思想紧密结合的体现。

吴起试图从社会方面找出战争起源的根本原因，认为“凡兵之所起者有五，一曰争名；二曰争利；三曰积恶；四曰内乱；五曰因饥。”战争起源的五种分法，触及了义战与不义之战，并提出了分别对待的办法。吴起的战略战术思想强调从战争初期的客观条件出发，重视战争的准备和调查研究，尽可能地了解敌人情况，反对主观臆断；尽量弄清敌人的兵力部署，选择其薄弱环节狠狠加以打击。他也十分重视在战争中人的主观能动性的发挥，主张要努力提高各项军事技能，具备适应多种复杂军事环境的能力，否则，吃败仗或丢掉性命就不可避免了。对战争中的复杂变化，他总结了遇敌后必须迅速发起进攻或者避开等不同情况。

吴起军事思想中的朴素辩证法因素表现也是多方面的。他认为战争中应根据不同情况制定相应的对策。他认为只有在战争中不怕牺牲，勇敢杀敌，夺取胜利，才是保存自己的有效途径。反之，必然失败，甚至灭亡。他认为多与少是相对的，在一定的条件下，战争的胜负可以转化，“以一击十”，以少胜多完全可能。

《吴子兵法》是战国初期军事理论科学的结晶，它与《孙子兵法》一样，受到国内外专家学者的高度重视。

墨子与墨家思想

张荫麟说：春秋时代最伟大的思想家是孔丘，战国时代最伟大的思想家是墨翟。孔子给春秋时代以光彩的结束，墨翟给战国时代以光彩的开端。

墨子，名翟，鲁国（一说宋国）人，是墨家学派的创始人，大约生于公元前468年，死于公元前376年。他出身低微，做过工匠，自称“贱人”。他的门徒也多半来自社会下层，墨家组成团体，这种团体表现出原始的组织性。他们生活俭朴，互相救助，服从教义，严守团体的法规，严格服从首领的指挥。墨子死后，团体的首领称为“巨子”，代代相传。《墨子》一书，为墨家门徒所编。

在战国及汉初，孔子、墨子是两位常被并称的大师，同以德智的崇高和信徒众多为学人所敬仰。汉以后孔子走上神坛，但墨子却被人忘记了。就学术和生活而论，孔子、墨子却是相反的两极。孔子是传统制度的拥护者，而墨子则是新社会秩序的追求者。孔子不辞养尊处优，而墨子则是恶衣粗食，胼手胝足的苦行者。孔子不讲军旅之事，而墨子则是以墨守著名的战士。孔子是造诣很深的音乐家，而墨子则认为音乐是应当禁绝的奢侈品。孔子不谈天道，而墨子则把自己的理想托为“天志”；孔子要远鬼神，而墨子则相信鬼神统治着人世。孔子鄙视手艺，对于请教种园技艺的弟子樊迟曾有“小人哉”之讥，而墨子则是机械巧匠，传说他曾创制过一只能飞行的木鸢。

墨子拿理智的明灯向人世作彻底的探照，首先替人类的共同生活作了合理的新规划。他发现当前的社会充满了矛盾、愚昧和自讨的苦恼。他觉得诸夏的文明实在没有多少值得骄傲的地方。他觉得大部分所谓礼义，较之从前越东人把初生的长子支解而食以求“宜弟”，及以新孀的祖母为接近不得的“鬼妻”而抛去不养等习俗，实在是五十步笑百步。对社会制度大胆提出质疑：为什么残杀一个人是死罪，而在侵略的战争中残杀成千成万的人却被奖赏，甚至受歌颂？为什

战国·饕餮纹半瓦当

么攘夺别人的珠玉以至鸡犬的叫作盗贼，而攘夺别人的城邑国家的却叫作元勋？为什么大多数的人民应当缩食节衣，甚至死于饥寒，以供统治者穷奢极欲的享乐？为什么统治权应当交给一家族世世掌握，不管他的子孙怎样愚蠢凶残？为什么一个贵人死了要把几十甚至几百的活人杀了陪葬？为什么一个死尸的打发要弄到贵室匮乏，庶人倾家？为什么一个人死了，他的子孙得在三年内做到或装成“哀毁骨立”的样子，叫作守丧？自从我国有了文字记录以来，经过至少一二千年的漫漫长夜，到了墨子才对道德礼仪、社会制度提出如此深刻的质疑。墨子死后不久，这问题又埋葬在二千多年的漫漫长夜中。

墨子的答案很简单，一切道德礼俗，一切社会制度应当追求“天下之大利”，而不是为一阶级，一国家谋取私利。什么是天下的大利呢？墨子以为这就是全天下人都能安生遂生。更具体地说，都能足食足衣，结婚育子。在做到这一步之前，任何人的享受，若超过遂生传种的最低限度，便是掠夺。“先天下之乐而乐”乃是罪恶。所以，墨子和他的门徒厉行勤俭节约。他们以传说中沐雨栉风，为民治水，弄到腿上的毛都脱尽的大禹为榜样。他们的居室，茅茨不剪，木椽不斫；他们用土簋土碗，食藜藿的羹和极粗的高粱饭；他们的衣服，夏用葛布，冬用鹿皮，像囚犯一样。他们说，不如此够不上禹道，不能做墨者。

侵略战争是违反“天下之大利”的，所以墨子提倡“非攻”；统治阶级的独乐是违反“天下之大利”的，所以墨子提倡“节用”；厚葬久丧是违反“天下之大利”的，所以墨子提倡“桐棺三寸”，“服丧三日”的礼制。王侯世袭和贵族世官世禄是违反“天下之大利”的，所以墨子设计了一个合理的社会。在其中，大家选举全天下最贤能的人做天子；天子又选举次贤的人做自己的辅佐；天子又将天下划分为万国，选各国中最贤的人做国君；国以下有“里”，里以下有“乡”；里长、乡长各由国君选拔里中、乡中最贤的人充任；乡长既然是乡中最贤的，那么全乡的人不但应当服从他的命令，而且要依着他的意志行事；等而上之，全天下人的是非毁誉都要依从天子的意志。如此则舆论和政令符合，整个社会像一架抹了油的机器，按着同一个方向活动。这便是墨子所谓“上同”。

“天下之大利”的反面是“天下之大害”。一方面要实现“天下之大利”；另一方面要消除“天下之大害”。墨子以为天下的大害，如大国之侵略小国，大家族之欺凌小家族，强者、智者之压迫弱者、愚者，以及一切伦常间的失欢、失德。总而言之，即人与人的冲突。墨子推寻人们冲突的根本原因乃在彼此不相爱。假如人人把全人类看成与自己一体，哪里还有争夺欺凌之事呢？因此，墨子提倡“兼爱”，即对世上一切人都一视同仁地爱，不因亲疏而分差等。

反对墨家的人说：兼爱诚然是再好不过的，可惜只是空想，不能实现！墨子答道：天下最苦的事，哪有超过“赴汤蹈火”的？然而赏罚和毁誉竟能使人甘之如饴。兼爱至少不是“赴汤蹈火”那样的苦事。反之，“爱人者人恒爱之”，所得的报酬真是“一本万利”。假如有以身作则的统治者拿奖励战死的精神奖励兼爱，拿惩罚逃阵的精神惩罚不兼爱，而社会的毁誉又从而援应之，人民怎么会不“风行草偃”地趋向兼爱呢？所以“上同”是必要的。

在圣贤的统治之下，大众“兼相爱，交相利”；“有余力以相劳，有余财以相分”；“老无妻子者有所侍养以终其寿，幼弱孤童之无父母者有所放依以长其身”；整个社会里，没有贫富劳逸的不均，没有浪费和窘迫的对照，没有嫉妒、愁怨或争夺，这便是墨子的理想社会。

墨学在汉代以后虽无嗣音，它的精华已为一部分儒家所摄取。儒家政治的最高境界“大同”，最早出现于战国末年所作的《礼记·礼运篇》中，“大同”实以墨家之言为蓝本。《礼运篇》说：“大道之行也，天下为公，选贤与能，讲信修睦。故人不独亲其亲，不独子其子，使老有所终，壮有所用，幼有所长，鳏寡孤独废疾者皆有所养。男有分，女有归。货恶其弃于地也，不必藏于己；力恶其不出于身也，不必为己。是故谋闭而不兴，盗窃乱贼而不作，故外户而不闭，是谓大同。”我们试着将这段话和上述墨子的理想相比较，便会发现两者的契合点。

墨子不仅有建设一个新社会的理想，而且在他的能力之内力求实现它，他和他所领导的弟子三百余人便是他理想的践行者。

在战国的一切学派中，墨家是最特别的。法家不过是异时异地、各不相谋的人物，后世因为他们的治国方略相同，给他们以一个共名。儒者虽然有时聚集于一个大师之下，也构不成组织。唯墨家则是一个永久的、有组织的团体。他的作用兼有技术的传授和职业的合作。这是一个“武士的行会”，表面上看起来好像与墨子的主张极不吻合，但应看到墨子虽然反对侵略的战争，却绝不是一个不抵抗主义者。他知道要消灭侵略战争只有靠比侵略者更强顽的抵抗。所以他和弟子们讲求守御的技术，制造守御的器械，“以备世之急”。他们受君相禄养，替他们守城。墨家以外，以给君相作保镖为业的“侠士行会”，应当还有不少。墨家的特色在于奉行着一种哲学，只替人守，不替人攻。平常墨者参加守御的战事固然是受雇的，但有时他们也自动打抱不平。比如公元前445年左右，公输班为楚王造云梯，助楚攻打宋国。墨子到楚国，使鲁国放弃了进攻宋国的计划。

就像别的充当君相保镖的游侠一般，墨者多半是从下层社会中来的。在当时的士大夫眼中墨子也只是一个“贱人”。这些“贱人”自然不会有儒者的绅士架子，他们生活自然是朴陋的。他们的团体，像近世江湖的结帮一般，是“有饭大家吃，有钱大家花”的。由于墨子和墨家团体多来自下层社会，墨家代表了自由平民或者叫庶人的利益。

战国·锦纹铜戈

韩非与法家思想

法家思想有别于其他诸家的显著特点有四：一是重视法律的作用，认为法律是治国的不二法门，主张以法治国，“一断于法”。二是主张实行极端的君主专制统治，认为君主应该拥有绝对的政治权力。三是主张实行富国强兵的政策，认为耕战是富国强兵的根本途径，主张实行重农抑商政策。四是用进化的观点解释历史，认为远古社会不如当今，主张对于传统的政治制度实行全面的变革。法家的代表人物有李悝、商鞅、申不害、慎到、韩非。

韩非（约前280—前233），韩国人，是荀子的学生，法家思想的集大成者。他的著作收集在《韩非子》一书中。他是我国伟大的思想家和政治家。他顺应了战国末年的发展潮流，集先秦诸子的思想成果于一身，站在统治阶级的立场上，提出了一整套适应时势的政治理论，使法家思想在百家争鸣的环境中成为唯一受到统治者重视的学说。秦王政（即秦始皇）在读到韩非《孤愤》、《五蠹》、《说难》等论著时，也被其深邃的思想、严密的思维、犀利的语言和有力的论证征服，发出了相见恨晚之感慨，说："寡人得见此人与之游，死不恨矣。"

法家提出了具有发展进化因素的历史观，力图论证战国时期政治、经济地位的变动和财富权力的转移是合理的、进步的，批判儒家守旧不变的观点。韩非发挥了这种观点，认为时代在不断前进、变化，而不是停滞、倒退的。他认为圣人也不是循守一种东西不变的。他用"守株待兔"的著名寓言故事来论说，时代变了事物也要变，事物不同了做法也要改变的主张。

韩非所处的时代，兼并战争很剧烈。哪一国的力量大就能兼并别国。他着眼于"力"，即要富国强兵。在韩非看来，要

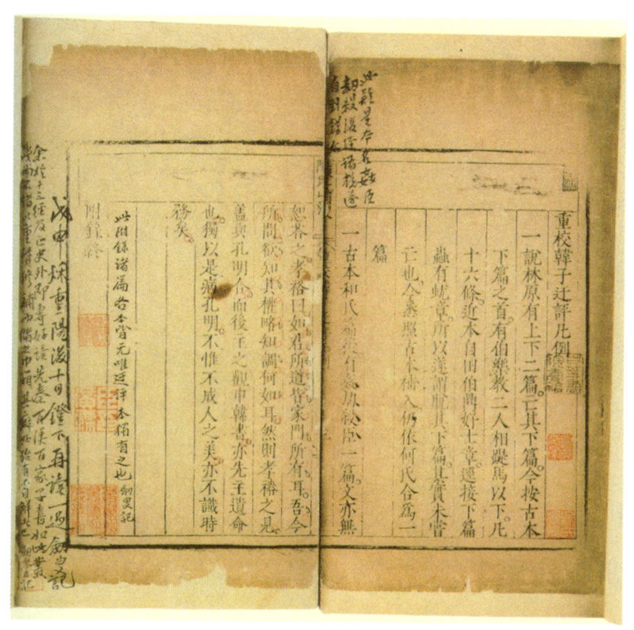

重校韓子迂評凡例

一說林原有上下二篇。亡其下篇。今按古本下篇之首有伯樂教二人相踶馬以下。凡十六條。近本自田伯鼎好士章。逕接下篇蟲有蚘章。所以莛謬脫其下篇其實未嘗亡也。今悉照古本補入。仍依何氏合爲一篇

一古本和氏篇後有姦劫弒臣一篇。文亦無

恕斋之孝孺曰如君所道皆家門所有耳。吾今所問欲知其概略知調何如耳。然則孝孺之見。蓋與孔明合而後主之覩申韓書亦先主遺命也。獨以是病孔明。不惟不成人之美亦不識時務矣。

附錄終

《韩子迂评》，战国韩非撰，明门无子评（万历十一年刻本）

富国强兵就要实行法治，要实行法治就要批判儒家的仁义。

韩非所提倡的法治，是法、术、势的结合。他总结了过去法家的经验教训，继承了商鞅的“法”、申不害的“术”、慎到的“势”，是法家的集大成者。在他看来，法、术、势缺一不可。

韩非说，以官府的宪令作为法治的依据，人人要遵守。宪令不能违反，不能任意行事。他主张大力宣传“法”，人人都要知道“法”。他主张“刑过不避大臣，赏善不遗匹夫”，在

法律面前人人平等，任何人都不例外，做到“法不阿贵”。韩非很重视刑罚的作用，认为重刑能够杜绝犯“法”。

韩非说的“术”是国君驾驭群臣的手段，是一种权术。“术”是不能让人知道的。商鞅行法，数十年没有能够成就帝王的事业，原因是没有掌握“术”。韩非的术逐渐成为统治阶级使用权谋的方法论。

韩非说的“势”是国君的最高权力，他说：“万乘之主，千乘之君，所以制天下而征诸侯者，以其威势也。”暴君夏桀能够控制天下，因为天子“势重”；尧是普通人时，谁也不能管，因为“位卑”。

韩非强调权力要集中，“事在四方，要在中央”。“要”指中央集权，国君要牢牢掌握这种权力。他认为“势”运用得如何，关系到法治的成败。

韩非强调富国强兵，很注重推行耕战政策。他在《五蠹篇》里把不从事耕战的游说之士、侍臣、学士、游侠、工商之民斥为社会的五种蠹虫，他严厉批判儒、墨等言仁义而妨碍耕战的行为。韩非等法家对耕战的重视，代表了新兴地主阶级的进取精神，有利于生产力的发展。

韩非的哲学思想继承了荀子的唯物主义传统。他批判地改造了老子“道”的思想，把“道”说成是自然界的本身和运动着的规律。他认为自然界是在不断地发生变化的，没有永恒不变的东西。他对“道”和“理”关系的解释，类似我们今天说的万物各有特殊规律，所有特殊规律共同体现了普遍规律。

韩非反对天命鬼神，他认为“天”是没有意志的，就是十个尧那样的“圣人”，也不能使农作物在冬天里长出一株穗来。韩非反对迷信鬼神，他认为迷信鬼神是国家将亡的一种征兆。

韩非认为客观事物是可以认识的，事物有一定的内容和表现形式，即有一定的自然常态。认识产生于对事物的观察研究。他在《解老篇》里批判了还没有接触事物就想当然地得出认识的先验主义。

韩非站在新兴地主阶级立场，维护地主阶级的等级、剥削制度，认为封建等级是神圣不可侵犯的。

其他诸家

邹衍的五德终始说

《周易》讲阴阳，《尚书·洪范》讲五行，所谓的五行即金、木、水、火、土。《礼记·月令》把五行说和宗教信仰配合起来。如《月令》把五神：句芒、祝融、后土、蓐收、玄冥；五帝：太皞、炎帝、黄帝、少皞、颛顼，五音：角、徵、宫、商、羽；五味：酸、甘、苦、辛、咸；五色：赤、青、黄、白、黑和五行相配合。邹衍则进一步扩大五行学说，成为阴阳五行家。

邹衍，又写作驺衍，齐国人。他用五行相胜说解说朝代的更替，创立了五德终始说。他说，金、木、水、火、土“五气”就是“五德”，与天的青、赤、黄、白、黑五色相对应。“五气”相胜，木胜土，金胜木，火胜金，水胜火，土胜水，一气胜一气，循环往复。“五德”也循环往复，相代而兴。每一个朝代相当于一个“德”，一切制度设施都要和这个“德”相应。邹衍的五德终始说以宗教迷信的神秘色彩宣扬皇权神授。邹衍预言，代火者必将水，周德已经衰了，将有合于“水德”的帝王要统一中国。这正迎合了战国各国国君统一中国的需要。秦始皇统一中国以后，邹衍的门徒进五德终始说，为秦始皇所采用。周是火德，水胜火，而秦灭周，所以秦是水德，“更名河曰德水，以为水德之始”，“衣服旄旌节旗皆上（尚）黑”。

惠施、公孙龙与名家

战国时，以逻辑与认识论问题为讨论内容的名辩思想，被后人称为名家。名家着重讨论“名”与“实”的关系，也就是事物的名称和事物本身的关系。他们往往在事物的名词、概念和逻辑的分析研究上下工夫。

早在春秋时代，孔子就提出了“正名”。战国时提出正名的还有宋钘、尹文。战国时代名家的主要代表人物是惠施和公孙龙。

惠施，宋人，约生于公元前370年，死于公元前310年，魏惠王时他在魏国做过十多年的相。他和庄子是好朋友，受道家的影响很大。

惠施认为一切事物都是相对的，无论是时间的早晚，空间的远近以及高低等都是相对的概念。从不同方面来看都不同，但从相同方面来看又都相同。惠施认为，“今日适越而昔来”，也就是说今天去越国昨天就已经到了。他认为今天和昨天不同，但都是时间概念，所以是相同的。既然相同，就可以说今天去越国昨天就到了。“我知天下之中央，燕之北、越之南是也。”他认为这些地方都是空间概念，所以都相同。既然相同，中央在“燕之北、越之南”都一样。惠施认为从总体来看，万事万物都是总体的一部分，所以差别是相对的，而相同是绝对的，从而得出“合同异”的结论。惠施说“万物毕同毕异”，事物有相同的地方，这是“毕同”；事物又各有自己的特点，这是“毕异”。“同”、“异”是相对的，这和他“合同异”的论题相一致。

公孙龙，赵人，约生于公元前320年，死于公元前250年，曾做过平原君的门客。《公孙龙子》有一篇《坚白论》，反对把坚白石看成是一件东西，石头的“坚性”、“白色”和石头本身是三回事，彼此可以分离，可以独立存在。他说眼睛能够看到“白”而看不到“坚”，手能够摸到“坚”而摸不到“白”。这样视觉对“坚”是不存在的，触觉对“白”是不存在的。只有“坚石”或“白石”，没有又坚又白的石。由于“坚”、“白”还可以离开“石”而独立存在，人们的感觉就只能说是坚性、白色和石头的形状三种概念，没有一个统一体的“坚白石”。这就是著名的“离坚白”论。

公孙龙像

《公孙龙子》还有一篇《白马论》，论证“白马非马”，白是颜色，马是形状，白马包括了两个概念。那么白马所指的，既不是指“马”，又不是指“白”，所以“白马”就不是“马”了，就这样推论出“白马非马”来。“白”与“马”各自独立，“白马”与马也各自独立。只有一个一个独立的概念，没有统一体的“白马”。公孙龙认为一般抽象的马可以脱离具体的特殊的马而独立存在，这显然是错误的。

他们还有一些奇怪的论题，如惠施说“犬可以为羊”（犬和羊都是动物，既然都是动物，犬也可以是羊），“龟长于蛇”（长短是相对的）。公孙龙说“鸡三足”（鸡足的概念为一，鸡又有二足，加起来就是三足）。他们走了两个极端，惠施把什么都混同起来，认为什么都可以转化，是一个相对主义者；公孙龙把什么都割裂开，认为什么都各自孤立，不成一体，是一个绝对主义者。

名家在探讨一般与特殊的逻辑问题上有积极的贡献，在古代逻辑思想和辩证思想的发展史上有一定的地位。战国时名家还有倪说、田巴、桓团等人。

杂家

《吕氏春秋》为秦相吕不韦麇集门客而编纂，分为十二纪、八览、六论，共二十卷，又称《吕览》。该书内容综合诸子，兼收并蓄，故被称为杂家。《吕氏春秋》继承了儒家的德政和重民的思想，摈弃了儒家一些不切实际的空谈；批判墨家

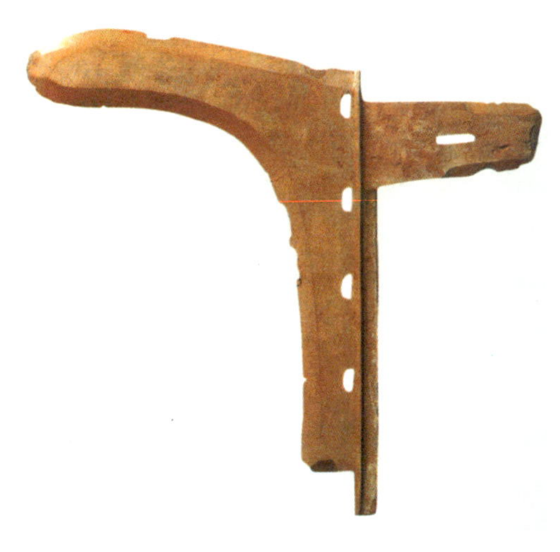
吕不韦使用的铜戈

非攻，赞同墨家尊师、节葬的主张；吸收法家的变法、耕战，反对法家一味地强调严刑峻法。该书的取舍是以如何有利于建立统一的封建王朝为标准的。尽管书中融合百家有缝缀痕迹、前后矛盾之弊，但这种思想体系却包含科学、合理的因素。

农家

农家主张推行耕战政策，奖励发展农业生产，研究农业生产问题。许行是农家的主要代表。他领导了一个团体，有几十个人。他们都穿着劳动人民的衣服，以编草鞋、织席维持生活。他主张每个人都应该以自己的劳动果实维持生活，国君也应该跟劳动人民一起劳动，吃一样的饭，不能不劳而获。反对社会分工和等级差别。反映了农民向往一个没有剥削、人人劳动的理想社会的要求和企图解除现实压迫的愿望。

纵横家

战国时进行合纵、连横活动的策士，被称为纵横家，主要代表人物为苏秦、张仪。他们以纵横捭阖之策游说诸侯，从事政治、外交活动。南与北合为纵，西与东连为横，苏秦力主东方六国合纵以拒秦，张仪则力破合纵，连横六国分别事秦。他们的政治活动对战国时期的政治、军事格局的变化有重要影响。“他们发怒了，诸侯都感到害怕，他们平静了，天下的战火也就熄灭了。”纵横家所崇尚的是权谋策略及言谈辩论之技巧，视名利为生命。

战国·铜虎符

【第四章】

与时俱进的社会改革

春秋与战国，恰似一奶同胞的兄弟，虽面孔相似，但蕴藏在身体内的各种运动却有差异，正如张荫麟在其著作《中国史纲》中写道：“春秋时代的历史大体上好比安流的平川，上面的舟楫默运潜移，远看仿佛静止；战国时代的历史却好比奔流的湍濑，顺流的舟楫，扬帆飞驰，顷刻之间，已过了峰岭千重。论世变的剧繁，战国的十年每可以抵得过春秋的一世纪。”

春秋、战国时期，奴隶制逐渐瓦解，封建制逐渐形成，社会处于大变革时期。各国的统治者为适应这种形势的转变，与时俱进，或变法，或改革，从而使这一历史时期呈现出此起彼伏的改革浪潮。

春秋时代的改革如春潮初起，虽缺乏一些汹涌澎湃的宏大气势，但也不乏耐人寻味的精彩之处。

管仲改革

齐桓公是春秋时代的第一个霸主，他的霸业依靠管仲的辅佐。管仲名夷吾，字仲或敬仲，颍上（今安徽省颍上县）人，与鲍叔牙是知音。后来两人在齐国分仕二主，鲍叔牙追随小白，管仲追随公子纠。小白当了国君（即齐桓公），鲍叔牙有大功，桓公要任命他为相，鲍叔牙极力向桓公推荐管仲，劝桓公不要失掉这个人才。齐桓公欣然采纳了鲍叔牙的意见，任命管仲为相，鲍叔牙为大夫。

管仲像（明人绘）

鲍叔牙比管仲先死，管仲在悼念鲍叔牙时回顾了他们几十年的交情，深情地说道：“生我者父母，知我者鲍子也。”当时的人很推重鲍叔牙谦让而能知人的品德。后世就用“管鲍之交”来说明朋友之间的纯真情谊，并颂扬鲍叔牙举贤的高洁品格。

管仲很有才干，桓公也推诚相待，君臣相得益彰，加上有鲍叔牙这样的重臣支持，管仲在齐国大展其治国本领，在经济、政治、军事上进行了一系列改革。

在经济上，管仲实行“相地而衰征”的土地和税收制度。这一制度包括了两个内容：一是“均地分民”，二是与民“分货”。“均地”就是把土地分给各农户，国家和贵族不再保留公田直接经营。农户分到土地后，由一家一户独立进行生产，不再集体大规模耕种公田，叫作“分民”。“分货”就是征收租税。农户不再耕公田出劳役，而是向国家或采邑主纳租税。

最引人注目的是，按土地肥瘠好坏征收租税。他把土地分为三大类：平地（包括丘陵地带）、山地和泽地，各类土地征税标准不同，这就是“相地衰征”。按土地好坏等次征收租税，农户负担比较平衡，生活生产比较安定，不致流亡，所谓“相地而衰征，则民不移”。

“相地而衰征”在当时是具有划时代意义的大事。

在西周奴隶社会中，实行“国”、“野”分治，住在国都和近郊的称为“国人”，他们基本上是统治者，住在鄙野中的称为“野人”，他们基本上是农业奴隶。“野人”没有人身自由，更没有土地所有权。他们被强迫在国家或贵族的土地上劳动，生产积极性很低。到西周末期以来，奴隶主的土地上已是杂草丛生，良田荒芜。奴隶制已无法维持下去。来自社会下层的管仲了解民情，实行这一改革，使耕者由被动变主动，较大地激发了生产者的积极性，从而也使奴隶“野人”逐渐变成封建制下的农民。

山东临淄齐故都四王坟冢

在政治上，实行“叁国伍鄙”制。“叁国”就是把国都划分为士（农）、工、商三种居民区，使各类人聚居一处不相混杂。分士十五个乡，工、商各三乡，共二十一个乡。士乡又分为三个部分，这叫“叁国”。将全国野鄙乡村划分为五属，即“伍鄙”。在野中各级设行政长官管理，还规定了官吏的考核制度，优升劣黜。野鄙中的农民已纳入国家编户之民，他们已不再是某个奴隶主贵族的私人奴隶。治理“五属”的官吏，随时向上级报告本辖区内的优秀人物和不良分子。若隐而不报，要受到惩罚。

为了扩大政权基础，管仲还在“国人”中创设了选拔人才的“三选”制。规定各乡长要把本乡有才学和武功的人推荐给政府，称“乡长所进”，是为第一选。乡长推荐的人经过官府有关部门一段时间试用考核，优秀者推荐给国君，称为“官长所选”，是为第二选。国君再亲自询问，用一系列有关治理国家的难题使其解答，并交给一定事做，合格者任命为上卿的助手，称为“公所訾相”，是为第三选。这“三选”制以才能为准则，初步排除了贵贱等级、社会地位和世袭的限制，是对西周以来“世官世禄”制度的一次冲击。

在军事上，实行“作内政以寄军令”的制度，实行兵民合一，把行政组织和军事编制结合起来。做法是每家出一人为士兵，由乡良人率领。五乡一万家一万人，组成一“军”。士乡十五个，有三万人为三军。国君和国氏、高氏二卿各率领一军。这既扩大了兵源，又由于他们从小相处在一起，互相了解，关系密切，患难与共，军队的战斗力得到提高，明显增强了齐国的军力。

总的来说，管仲对土地、租税、政治和军事制度的改革，顺应了历史发展的趋势，为齐桓公向外争霸打好了物质基础。

管仲改革使居住在野鄙中的奴隶的地位，尤其是经济上的地位得到了改善，当然在政治上，野人还是处于无权地位，他们还没有当兵权和参政权，也不被视为国家的正式公民。这是时代的局限。春秋初年，奴隶制度虽已开始瓦解，但毕竟是处在量变的过程中，管仲改革对“野人”在政治权利上的漠视，正是这一时代局限的反映。

子产改革

在春秋时代，郑国曾经有过短暂的辉煌，那是在郑庄公时

河南新郑郑国故都出土的青铜乐器

期，由于规模小、时间短，史称“郑庄小霸”。然而到了子产相郑之时（前543—前522），郑国则处在内外交困之中，子产在郑国执政二十一年，为了稳定政局，发展经济，对内政进行了一系列的改革。

（一）作封洫。子产上台的当年就“作封洫”清理田亩。所谓“封洫”就是田间纵横的水沟。当时按井田规划，有一个沟洫系统。即一夫耕田百亩，百亩之间的水沟叫作“遂”；十夫耕种土地的水沟，叫作“沟”；一百夫耕作土地的水沟，叫作“洫”；一千夫耕作土地的水沟，叫作“浍”；一万夫耕种土地的水沟，叫作“川”。“遂”、“沟”、“洫”、“浍”、“川”，简称作沟洫。“封”是指土堆，或沟边的道路，也用指田界。子产“作封洫”是继承子驷“为田洫”的措施，重修灌溉系统；同时划定地界，将侵占他人的土地，归还原主。子产又将居民用什伍制度进行编制。史称“田有沟洫，庐井有伍”。子产实行的这些政策有抑制旧贵族专横兼并的作用，自然遭到某些贵族的反对，他们诅咒子产说，“（子产）下令将我的衣冠收藏起来，对我的土地进行收税，谁要杀子产，我也一同去。”由于实行这些措施，不仅使有土地的人的田产受到保护，有利于他们安心发展生产，而且有效地维护了整个贵族的长远利益。几年后，反对子产的人转而歌颂他说：“我有子弟，子产教育他；我的田亩，子产使它得到增产。要是子产死了，谁是他的继承人呢?”

（二）作丘赋。“作封洫”后的第五年（前538），子产“作丘赋”，对野鄙原来不服兵役的“丘”这一范围的农业奴隶征收军赋，也就意味着能当兵打仗，逐渐改变了原有的身份地位。这一改革，打破了征服者与被征服者间过去不可逾越的鸿沟，遭到国人（统治族人）的强烈反对。子产说：“只要对国家有好处，宁愿以身殉职。”“我做的事只要合乎道理，我不怕人家说什么。”

（三）铸刑书。鲁昭公六年（前536），郑国人铸刑书，即将法令条文铸造在铜鼎上，公布于众。这样，用刑就有了准则，在一定程度上，限制了贵族的某些不法行为。铸刑书比晋国铸刑鼎早了二十多年，这是我国第一次公布法令条文。

子产还主张实行贵族内部的民主政治。孔子也因此极为赞赏子产。子产是具有民主思想的政治家。子产不仅有较为开明的政治主张，也能做到知人善任。大夫冯简子有决断事情的才能；子太叔多文才；公孙挥（子羽）了解各国情况并善于辞令；裨谌会出主意。子产将四人的长处结合起来，充分加以利用，有诸侯盟会之事，先向公孙挥了解情况，将了解的情况交与裨谌，裨谌经过深思熟虑后，由冯简子做决断，最后交给子太叔去办理。这样，经过周密的筹划，在国内施政和对外关系上很少有失误。子产执政时，郑国卿大夫的办事能力受到当时各国的好评和后人的称赞。

如果说，春秋时的社会改革犹如涓涓溪流，那么，战国时代的变法和改革则恰似滚滚波涛。到了战国时代，风起云涌的各种社会改革次第登场。最先登场的是魏国，而最为成功的则是秦国。

春秋时代的“五霸”，到了战国时代变成了“七雄”，原先的晋国一分为三，变成了韩、赵、魏三国。公元前403年，韩、赵、魏三家同时派人去朝见周天子，实际上要周天子正式册封他们为诸侯。无可奈何花落去，周天子见韩、赵、魏三家瓜分晋国已成既定事实，只好顺水推舟，正式加封韩虔为韩侯（即韩景侯）、赵籍为赵侯（即赵烈侯）、魏斯为魏侯（即魏文侯）。

李悝改革

魏国土地肥沃，人口众多，地处中原，天下枢纽，这对社会经济的发展十分有利。国君魏文侯（前445—前396）胸怀壮志，励精图治，锐意改革，礼贤下士，他任命李悝为相，率先掀起了战国时代改革的序幕。

李悝，又叫李克，据说是卜子夏的学生，曾做过魏国的北地守。李悝是一位杰出的政治家。他继承和发扬了法家先驱的思想，总结了他们的经验。在相魏的十年中，他既得到魏文侯的信任，又得到像卜子夏这样一批知识分子的支持。所以他能卓有成效地从经济基础到上层建筑，进行比较彻底的改革。

在经济方面，李悝提出了“尽地力之教”和“平籴法”。李悝看到春秋到战国初，刚刚发展起来的小农经济十分幼弱，如果不加扶持，遇到天灾人祸，就会破产。其后果必然是人民四处流亡，劳动力丧失，土地荒芜，国家赋税无从收取，国库空虚，从而酿成“盗贼”四起，威胁新兴的封建统治。为解决这个矛盾，李悝一方面采取“尽地力之教”，另一方面又实行了“平籴法”。所谓“尽地力之教”，目的在于挖掘土地潜力，提高农作物产量，增加封建政权的田租收入，维护社会稳定。主要做法是破除旧有的阡陌封疆，鼓励自由开辟耕地，勤勉耕作，充分利用土地：如规定房前屋后要种植桑树，田地之间的埂子上要种蔬菜瓜果。为避免自然灾害对单一作物的影响，规定必须同时种上五谷杂粮。这都是为了尽一切可能增加农产品，防止自然灾害造成个体小农的贫困破产。

“平籴法”和“尽地力”互为补充，从不同的角度，促使农民勤于耕垦。李悝认为“籴甚贵则伤民，甚贱则伤农。民伤则离散，农伤则国贫”。用我们现在的话说，就是：粮食贵了人民买不起，太贱了农民太吃亏。人民买不起吃的，就会到处逃散求生活；农民吃亏太大，就会影响他们的生产积极性，对国家也没有好处。为了使政治稳定，就得使人民生活安定，就必须稳定小农经济。他的具体做法是：当收成好时，农民除交纳什一之税和留下自用的粮食外，其余的粮食由政府按平价收购。待到荒年饥馑的时候，又由政府平价卖出，“取有余以补不足”。这样不仅可以防止“饥馑水旱”，还由于籴粜价格由政府统一规定，免除了商贾囤积居奇，从中牟取暴利，自然可以在荒年缺粮食之时，保持粮价稳定。这样一来就“使民无伤而农益劝”，人民生活安定，政府财政收入也有了保证。这很有现在国家实行农业经济宏观调控的味道。

战国魏·马首形错金银铜辕饰

在政治上，李悝实行“食有劳而禄有功”，“夺淫民之禄，以来四方之士”。具体地说，就是废除旧的官爵世袭制，改为按功劳大小和对国家贡献的多寡，分别授予职位和新的爵禄。对那些对国家没有贡献，而靠先祖的爵位享受特权，穿着华丽的服装，出门乘着车马，回到邸衙又沉浸在舞乐之中，不以为耻反以为荣，作威作福的“淫民”，则予以取缔，用这些爵禄去招揽四方新兴地主阶级所需要的士人。这样一来就打击了残余的旧势力，为新兴封建阶级的上升开了方便之门，有利于新兴地主阶级力量的发展壮大。

为了进一步巩固新兴封建政权，李悝还用法律的形式把新兴地主阶级的利益固定下来。他收集整理了春秋后期以来各国的法律条文，“集诸国刑典”之大成，结合魏国当时的实际情况，编制了我国历史上第一部系统的封建法典——《法经》。

《法经》分《盗法》、《贼法》、《囚法》、《捕法》、《杂法》、《具法》六篇。《法经》中，虽然有的地方也是针对统治阶级内部一些为非作歹的人，如官吏贪污受贿，规定丞相以下要杀头，太子赌博要受笞刑或废黜等等，但法律毕竟是统治阶级意志的具体体现，从整个内容和精神实质看，主要还是对付被统治阶级的。李悝把《盗法》放在首位，就正好说明了这点。它是一部保护封建制度的法典。

魏文侯用李悝为相所进行的改革是全面的，同时，魏文侯还任命吴起改革军事制度。吴起创立了武卒制，即严格选拔、训练和考核，根据士兵的不同特点来编队，使每名士兵的优点都能得到发挥。通过一系列卓有成效的改革，使魏国在不长的时间内就强盛起来了，成了战国第一个典型的、封建地主阶级专政的集权国家。

需要补充的是，封建社会中鼓吹和践行改革、变法者，如后来的吴起、商鞅、晁错、王安石、张居正等人，都没有好的结局，而李悝却似乎是一个例外。

吴起变法

吴起，卫人，曾先后仕于鲁、魏，皆未得大用，后投效楚国，迎来了自己政治生涯的巅峰。

吴起来到楚国时，正是楚悼王即位前后。楚国是战国初期领土最大的国家。但由于政治腐败、经济落后、国力衰微，受到新兴的三晋威胁。在国内，旧贵族既腐败又专横，他们“上逼主”，“下虐民”，结果弄得国贫兵弱。楚悼王在这种内外交困的情况下，很想变法图强。正在这时，吴起从魏国来到了楚国。

楚悼王素闻吴起贤能，先任他为苑守。苑在今河南南部地区，经济比较发达，是楚与中原国家进行经济交流的重要门户，也是国防重地。吴起治苑的时间不长，便收到了很好的效果，经济发展了，边防巩固了。于是，楚悼王便用他为令尹，主持变法，其主要内容是：

第一，限制旧贵族，改变世袭的分封制，“废公族疏远者”。规定：封君凡超过三世的就取消爵禄，把住在国都的旧显贵迁到地广人稀的地区。

第二，厉行法制，严明法令。“罢无能，废无用，损不急之官”，即裁减无能无用的官员，废除不急需的官职。

第三，整理财政，节省费用，奖励耕战，加强国防。把裁减下来的爵禄，用来抚养士卒，建立一支强大的军队。

第四，建设国都，重视人民生计。改变国都原来那种简陋的“两版垣”（指两版高的城墙），把城墙加高，以增强首都的防卫能力。

战国楚·青铜编钟

吴起的改革，主要集中在加强中央集权、整顿吏治、改善财政和增强军事力量方面。经过这一改革，那些腐朽、顽固守旧的贵族势力受到了打击。一些无所作为、作威作福、“上欺主而下虐民”的旧贵族官僚被撤换了。这样，统治的效率提高了，楚国出现了新气象。

吴起变革的时间虽不长，但对楚国却具有比较深远的影响。经过吴起改革，楚国的实力有所增强。不仅过去欺负它的三晋不敢再轻易地侵袭，而且楚国还向外开拓了疆土。它西伐秦，南收杨越，北并陈蔡，成了南方的一个强国。

遗憾的是，就在楚国走向强盛之时，积极支持革新的楚悼王突然病死。原来那些在变革中受到压抑和打击的旧贵族，便乘机发动了政变。吴起正在为悼王办理丧事，叛军包围了他，并以乱箭相射。吴起眼看不行了，但又不甘心旧贵族的猖狂反扑，于是他就伏在悼王尸体上。楚国的法律规定：如果有谁伤了王尸，就要“尽加重罪，逮三族”。那些围攻吴起而箭射王尸的旧贵族们，在太子（楚肃王）即位后，依照楚国的法律，“夷宗死者七十余家”。有的贵族如阳城君只好逃亡到国外。不过，吴起的新政也被废除了。楚国的旧势力又有所抬头，这使楚国的社会经济和政治发展受到严重的阻碍。虽然楚国地大物博，也未能成为统一六国的力量。

商鞅变法

秦国地处西陲，长时间被中原国家视为戎狄之邦。到秦穆公（前659—前621）之时，国力才渐渐强大起来。虽有穆公独霸西戎的强大，但后嗣几位君主势微，贵族侵凌公室，干涉君位。秦曾多次发生内乱，政权分散，君权削弱，国势日衰，各国也乘机欺负秦国。

公元前361年秦献公死，他的二十一岁的儿子渠梁（秦孝公）即位。秦孝公是一个有作为的国君，看到东方国家经过不同程度的改革后，国力都加强了，特别是东方的齐威王、魏惠王，是当时七雄中力量较强的两霸。孝公痛感“诸侯卑秦，丑莫大焉”，决心继承献公的事业，使秦国迅速强盛起来。于是，秦孝公广揽人才，下诏求贤。

战国秦·青铜宴乐纹壶

就在这时，商鞅（前390—前338）从魏国来到秦国。商鞅，又名公孙鞅、卫鞅，原是卫国贵族子弟，从小就好“刑名之学”，曾受过法家李悝、吴起的影响。

商鞅到秦国后，通过景监的关系得与秦孝公四次相见，并以“霸道”强国之术说动孝公，受到孝公的重用，实行变法。变法前，商鞅就变法一事与群臣展开激烈辩论，力排众议，取得孝公的支持，后又通过“立木取信”取得百姓的信任。商鞅变法前后有两次。第一次是孝公六年（前356）公布的。主要内容有：

（1）编定户籍，实行“连坐”。商鞅把全国居民，按照五家为“伍”，十家为“什”编定户籍。这样不仅使国家直接掌握了全国户口数，而且便于相互监督。新法规定，有犯法而不报告的，十家都得受到连坐，处以腰斩；报告人和杀敌者同样受奖。隐藏罪犯，按投敌罪论处。

（2）奖励军功，严禁私斗。新法规定，凡为国家立有军功的，按功劳大小授予爵位和田宅。私斗者按情节轻重，处以不同的刑罚，这样就增强了军事力量。

（3）废除旧有的世卿世禄制，重新确定爵位和等级。新法规定，宗室（国君的亲属）没有军功的，不得列入宗室的属籍，不得享受宗室的特权。必须依据对国家功劳的大小，确定爵位、田宅、奴婢以及车服器用等等的占有，不许僭越。没有功劳的，虽然富有也不能显示荣耀，这就严重打击了旧贵族的势力。

（4）鼓励个体小家庭经济，发展农业生产。新法规定，凡是一家有两个以上的成年男子就必须分家，否则要加倍出赋税。努力搞好生产，粮食和布帛生产得多，可以免除劳役和赋税；不务正业，游手好闲而贫穷了的，把全家罚做官奴隶。

新法公布后，国都很多人议论，一些旧贵族也不满意，其中太子明知故犯。商鞅认为，新法之所以贯彻有困难，主要就是这些自恃位高势大以为别人不敢动的大贵族们不遵守。为此，商鞅决定依法处理太子。但太子是国君的继承人，不能施刑，于是“刑其傅公子虔，黥（脸上刺字的刑罚）其师公孙贾”。从此以后，再也没有谁敢不遵守新法了。

新法推行十年，取得了显著成效。据《史记·商君列传》，秦国的民众非常高兴，人民丰衣足食，个个“勇于公战，怯于私斗”，出现了“道不拾遗，山无盗贼”，城乡大治的局面。

秦孝公十二年（前350），秦国把都城迁到了咸阳，同时进一步进行改革。其主要内容有：

（1）在全国普遍建立县制。新法规定把原来的小乡邑加以合并，统一规划为三十一县。县设令、丞（令是一县之长，丞辅助令管文书、库房、狱讼等），直接由国君任免。

（2）“开阡陌封疆”，“废井田”，“民得买卖”。这是把从前所谓的“井田制”那种纵横疆界消除掉，鼓励开辟荒地，承认土地私有，可以买卖，按照土地多寡征收赋税。这样一来，就以法律的形式废除了旧的土地制度，肯定了封建土地所有制的合法性。

（3）为方便税收和交换，“平斗桶、权衡、丈尺”，统一秦国的度量衡。

（4）焚诗书，制秦律。秦国焚诗书，一般都以为是从秦始皇开始。其实在秦孝公时就实行过。商鞅还根据李悝的《法经》，制定了秦国的法律。秦律的制定，是用法律的形式把实行的各种改革成果固定下来。不仅在当时具有重大的意义，而且对以后中国封建法律的影响也很大。

商鞅在秦孝公的支持下实行变法，前后达一二十年，取得了巨大的成就。它沉重地打击了旧贵族的势力，发展了封建经济，巩固了统治秩序，奠定了富强的基础，从而使秦国从一个贫穷落后的国家，变成了战国七雄中最强盛的国家。秦国能够最后消灭六国割据势力，统一整个中国是和商鞅的改革分不开的。西汉学者刘歆在《新序》中这样盛赞商鞅：“秦能国富兵强，长雄诸侯，周室归籍，四方来贺，为战国霸君……六世而并诸侯，亦皆商君之谋也。”

秦孝公因商鞅有功于秦，封给他商地的十五个邑，号为商君，所以人们称他为商鞅。公元前338年，秦孝公死后，太子即位，一些不甘心失败的旧贵族乘机报复，诬告商鞅想谋反。商鞅打算逃往他国，结果在途中被抓了回去，车裂而死。

商鞅虽然被旧贵族杀害了，但商鞅的变法成果，却在秦国生根发芽了，变法中提出的许多措施，一直沿袭到秦亡为止。

齐威王图治

公元前356年，齐威王田齐即位。当时的政治并不乐观，新、旧势力之间的斗争还很激烈。在内部，朝内朝外还有像阿大夫那样身居高位、不尽职守、喜欢拉拉扯扯的官吏。这些人拉帮结伙，以邪压正，打击排挤正直官员。这对新兴封建统治政权，就像腐蚀剂一般，是很大的危

战国齐·人形青铜灯

害。在外部，田氏虽被周天子正式列为诸侯，并为各国所承认，但由于国势弱，仍然被别的诸侯国看不起。田齐即位后，曾接二连三地遭到别国的侵袭。

齐国处于内忧外患的境地。田齐上台九年，一筹莫展，只好委政于卿大夫，听之任之。这样下去，当然对齐国新兴的封建统治阶级是不利的，也引起了齐国人民极大的不安，特别是新兴封建阶级里有眼光、有作为的一些代表人物，心里更为着急。他们希望改变这种现状，使齐国走上富强的道路。

邹忌，是齐国新兴封建阶级中的一个有识之士，他眼看齐国再这样下去会很危险。于是，不顾个人得失去劝谏威王。齐威王最喜欢听琴，邹忌声称给威王演奏。可是，邹忌调整好琴弦却停了下来。威王问他为何不弹，他说，我不光会弹琴，还有一番弹琴的道理呢。于是就借讲“弹琴”的道理劝谏威王。齐威王听后，很受感动，即用他为相，辅佐自己整顿朝政，下决心励精图治。

齐威王用邹忌为相后，采取了许多措施，其中主要的是修明法令、整顿吏治、集权中央。提出“谨修法而督奸吏”，首先做到端正君臣关系。邹忌认为，应该树立正气，打击邪气；做臣下的，要尽心竭力地辅佐国君，把国家的事放在第一位；做国君的，要顺民心，体贴民众，要亲贤人，远小人，鼓励臣民进谏，不为阿谀奉承的人所蒙蔽。只有这两方面搞好，国家才有希望。

齐威王完全采纳了邹忌的意见，下令臣民有能当面提出批评建议者，给上等奖赏；用书面提出者，给中等奖赏；在街头巷尾批评议论者，只要传到国君耳里，给下等奖赏。诏令下达后，开始时提批评建议的人争先恐后，前簇后拥，门庭若市，数月后才慢慢减少。

为了整顿吏治，齐威王选择了两个典型，进行了严肃认真的处理。威王多次询问臣下，在地方官中，谁最好？谁最坏？不少人说即墨（今山东省平度市东南）大夫最坏，最好的要算阿（今山东省阳谷县东北）大夫。威王便派人下去了解实际情况，待掌握了实情后，威王把即墨大夫和阿大夫以及其他官员都召到朝廷上，对即墨大夫说："你到即墨后，常常有人说你不好。我派人去了解，发现你在那里治理得很有成绩。人民有吃有穿，社会秩序安定，府库增加了积蓄，出现了一派新气象。你勤勤恳恳治理即墨，又不向上级送礼行贿，所以别人说你不好。"于是赏给即墨大夫万户租税作为俸禄。威王对阿大夫说："你到阿地后，常常有人为你说好话。我派人去了解，发现那里田地荒芜，人民缺衣少吃，老百姓话都不敢多讲，只在背地里埋怨你。赵国和卫国进攻附近地方，你也不去帮助抗击，只会欺压民众，向上司行贿，求得向上爬的机会，把齐国的风气也给败坏了！"下令立即把阿大夫和朝中受贿者以及为他说好话的几个官吏一起烹杀了。

这样一来，整个齐国的风气为之一变，“人人不敢饰非，务尽其诚”。威王又选用贤能的人，让他们担任要职。他派檀子守南方，使楚人不敢侵扰；使盼子守高唐，赵国不敢东进；使黔夫守徐州，燕、赵两国都感到害怕，七千多户前来归附齐国。又用钟首防治盗贼，管理治安，于是道不拾遗。

齐国经过威王和邹忌的努力整治，在不长时间内就大治了，史称威、宣时“齐最强于诸侯”，不仅打退了赵、卫的侵袭，还迫使赵国归还了长城。三晋中最强大的魏国，也多次被齐国打败。有一次，把魏王围在浊泽，魏惠王只好献地求和。齐国与魏的两次较量在历史上都很有名，一是“围魏救赵”的桂陵之战，二是大家熟知的马陵之战，两次大败最为强大的魏国。

申不害变法

到了韩昭侯（前358—前333）时，列国中大都经过了不同程度的变法和改革。新兴阶级在各国基本上都取得了不同程度的胜利，政权都得到了巩固和发展，一些国家相继强盛起来，不断向外进行扩张。就连当时的宋国，也欺侮起韩国来，攻取了韩国的黄池（今河南省封丘县西南）。魏国更是多次进攻韩国，后来韩昭侯和魏惠王在巫沙（今河南省荥阳市北）相会修好，才暂告缓和。国内外的种种形势，对韩国构成了很大的威胁。于是，韩昭侯不得不考虑变革图强。

大约在公元前354年，昭侯用申不害为相，“内修政教，外应诸侯”。申不害是法家的代表人物之一，他尤其重视“术”的作用。他在相韩昭侯时，曾努力把他的“法”的思想付诸实践，作为他治理韩国的准则；把“术”用在韩国推行政治改革、贯彻法治的实践活动中。

首先，申不害认为，君主治国，务要明法察令。国君一定要确立法治，法就像称重量用的秤那样，有了秤才能量知物重；有了法才能驾驭臣下的行为。也就是说，只有确立了法，一切人事关系和国家制度才有一个客观的标准可依据，从而才能建立起新兴封建阶级的统治秩序。

申不害主张，有了“法”，就要依法办事，反对统治者凭主观心智和个人的善恶去随意决定政策措施、赏罚制度。他认为，单凭个人的“耳目心智”是不行的。就是国君，也应该“任法而不任智，任数而不任说”。不依法行事，而根据各人的心智、好恶，想怎么办就怎么办，随心所欲，就会把国家搞乱。他指出，这是关系到国家安危存亡的一个大问题。

申不害在提出法治的同时，还强调“术”的作用，用“术”去推动“法”的实施。他主张国君集权于一身，用他的话说就是“独断”，认为独断者才能为天下主。要把国家官吏的设置、任免、考核、赏罚等以及生杀予夺之权，都牢牢地掌握在国君个人手中。他的这一思想，后来为韩非所重视，并特地加以引述。

第四，为了更好地驾驭臣下，考核臣下，促使臣下去各尽其能，办好任内之事，申不害还主张做国君的要“无为”而治。他的“无为”，并非简单的无所作为，是表面无为而实有大为，是贯彻他的法治的一种手段。他要国君平常不要让臣下看出自己的欲望和某些弱点，使臣下猜不透其内心的某种意图，这样臣下就不会揣摸着国君的心理而投其所好，或弄虚作假，从而使臣下只好去尽力做自己的事。但他又反对越职乱来，提出“治不逾官，虽知弗言”，只准各自办好职分之内的事，不相干的不要去随便干涉。这样，也就便于国君集权专制了。

总之，申不害在政治上，主张“尊君卑臣、崇上抑下”，建立起遵循法制的高度君主集权制统治。

为了使国家政权得到巩固，在经济方面，申不害特别注重农业生产，把土地看得十分重要。他说：“四海之内，六合之间”，最贵重的是土地。因为“土，食之本也”。他认为，国家要富强，必须要粮食，“王天下”者，“必当国富而粟多也”。这是一种重农思想的表现。这种重视农业生产的思想，是法家所共有的。

申不害的上述主张，在他相韩的十五年中在一定程度上得到了贯彻执行，并且取得了一定的成就。《史记·韩世家》说："申不害相韩，修术行道，国内以治，诸侯不来侵伐。"但是，在贯彻执行过程中也遇到不少困难和障碍。因而，他在韩国的一些改革也是不彻底的。加之，韩国旧势力的影响比较大，所以，韩国虽经申不害十五年的苦心整治，但成绩并不显著，远不如魏、齐、秦等国改革收效大。这也决定了韩国在三晋中，以至于战国群雄中，始终处于弱小的地位。

赵烈侯改革与赵武灵王胡服骑射

赵国的改革活动，不像魏国、楚国，更不像秦国那样轰轰烈烈。但赵国新兴封建势力在夺取政权和巩固政权过程中，也进行过不同形式和程度的改革。赵烈侯（前408—前387）时期，随着政权的取得和巩固，这种改革逐渐完成。赵烈侯用公孙连为相，公孙连又向烈侯推荐了一批贤能之士，如牛畜、荀欣、徐越三人，是当时社会上有名的贤人。烈侯用牛畜为师，荀欣为中尉，徐越为内史，依靠他们整顿吏治，改良统治机构，倡仁义，行王道，实行"选练举贤，任官使能"，根据功德和能力大小授予官职。在经济上，注意节省财政开支，实行所谓"节财俭用"。

到了赵武灵王（前340—前295）时期，赵国又掀起了一场改革。赵本是东方大国，但每每处于被动挨打的局面。魏文侯用法家吴起、西门豹等改革内政，取得明显效果，国富兵强；秦孝公任用商鞅实行变法，为秦国的经济腾飞奠定了基础。赵国虽然也进行了改革，但很不彻底，并没有采纳法家思想，推行法家政治路线，赵武灵王汲取了正、反两方面的经验教训，决定抛弃儒学，信奉法家思想。

赵武灵王认为“阴阳不同道，四时不一宜”，天地、四时是不断变化的，人类社会也不断进步，所以古代帝王的统治方法都不相同。如“伏羲、神农教而不诛，黄帝、尧、舜诛而不怒，及至三王，随时制法，因事制礼”，因此应制定适合时宜的政策，不应该因循守旧。

战国·黑陶马俑

公元前302年春，赵武灵王在信宫召集肥义等大臣，针对当时国内外形势讨论了五天。他广泛听取意见后，立即率领轻装队伍奔赴临近中山国的边境，经过房子（今河北省赵县）、代国，北临大漠，登临黄河岸边的黄华山，对边塞的形势和民情风俗进行考察，作了详细了解，还特别观察了游牧的胡人部落。他看到胡人部落的人民都在马背上生活，行动灵便；胡人们身穿短衣、长裤，上、下马方便灵活，开弓引箭，运用自如，往来奔跑，迅速敏捷。相比之下，赵国的军队虽然武器精良，但行动不便，因为军队以兵车为主，虽有步兵配合，行动仍然迟缓，官兵们都身穿长袍，甲靠笨重，结扎繁琐，骑马射箭十分不便。他产生了改革官兵服装，脱掉长袍重靠，改穿短衣、长裤和皮靴的想法。为了守御边境，抗击外侮，他返回邯郸后就命令赵国的军队着胡服，也就是身穿短装，使用带钩束腰皮带，足登皮靴，以方便骑马射箭。

赵武灵王以前军队仍以车战为主，所以赵武灵王的胡服骑射，不仅仅是服装的改变，实际上是作战方式的改变。从此，战车这种作战方式退出了历史舞台，被骑兵所取代。这不仅是军制改革，而且也引起了政治革新。

赵武灵王胡服骑射的命令下达后，引起了保守派的怨恨和反对，肥义支持他，鼓励他不要犹豫不决、畏首畏尾，使赵武灵王更加坚定了信心。

赵武灵王的叔叔奉阳君是顽固派的首领。他信奉儒学，认为中国是礼义之邦，反对着胡服。赵武灵王亲临府门，当面婉言开导，晓之以义，喻之以利，指出这样做是为了“利其民而厚其国”，也是为了继承先王遗志，昭雪国耻，抵御强暴。奉阳君终于被说服了，立即改穿胡服，并于第二天就穿胡服朝拜赵武灵王。此后，赵武灵王下达命令：赵国军队全体官兵一律着胡服。

在推行胡服的过程中，赵武灵王又遭到了旧贵族赵文、赵造、赵俊的抵制。为了表示决心，赵武灵王要求太子太傅周绍也胡服戎装，以此来影响太子。贵族中最顽固的赵燕仍然反对胡服，赵武灵王动之以刑，治之以法，终于使赵燕低下了骄傲的头颅，胡服的法令于是普遍推广开了。

骑兵的推广，必然引起作战方式的改变，并进一步引发了军队编制的变革。公元前302年，赵武灵王“命将军、大夫、适（嫡）子、代吏皆貂服”。同时，把私家奴隶迁到边境去，既有利于开发边地，巩固边防，也有利于封建经济的发展。

赵武灵王普遍推广胡服骑射，取得了明显的效果：第一，增强了国家的实力，有利于开疆拓土。在五年中（前300—前296），赵国灭了中山国，同时还攻破林胡、楼烦，占领了大片土地，设立了云中、雁门、九原郡。林胡、楼烦慑于赵的威势，向北移迁。第二，修筑长城。赵国修筑长城较早，有丰富经验。赵武灵王破林胡、楼烦后，“筑长城，自代并阴山下，至高阙为塞”。这就是后来秦代万里长城的一部分。第三，控制军队。赵国的官制是文武分职的，相国是文官之长，将军为武官之长，将军听命于国君。赵武灵王二十一年（前305）分设左、中、右三军和车骑军，各有将军统领，都由国君统帅，这实际上是进一步加强了君主对军队的控制权。第四，加强了法治。在推行胡服和改革军制的过程中，对那些不服从命令的人，都予以惩处，严肃了法纪，保证了政令的贯彻执行。第五，改革军队户籍编制。在原阳设“骑邑”，给骑兵专门编制了户籍，便于训练和控制。

非常遗憾的是，赵武灵王后来因废长立幼，引起内乱，改革步伐就此止步，赵武灵王自己也被饿死于沙丘宫中，悲剧发生的重要原因就是改革不彻底，不敢触动旧贵族利益，姑息养奸、贻患无穷。

其他诸国的改革

七雄之中的燕国，原是西周在北方的重要封国。春秋时因戎狄所阻隔，与中原各诸侯国的交往较少。进入战国时，燕有较大发展，特别是对辽东的开拓。公元前314年，燕王哙上演了一场“禅让”剧，他没有把君位传给自己的儿子，而是“禅让”给正进行改革的相国子之，结果引起了内乱，齐国乘乱入侵，造成燕国生灵涂炭，哀鸿遍野。燕昭王即位后，延揽贤才，发愤图强，最终于公元前284年大败齐国。

此外，还有不少中、小国家，如郑国、卫国、越国以及一度强大的宋国、中山国等，一边竭力在大国的夹缝中求得生存，一边在当时各国（除边远兄弟民族以外）巩固政权、变法图强的影响和推动之下，都不同程度地进行过变革。

总之，战国前期，不仅七雄，包括所有的国家内的新兴封建势力都相继在政治上、经济上进行过改革，并取得了不同程度的胜利。但是，由于各个国家和地区经济发展的不平衡，新兴封建势力的力量强弱也不一样。因而反映在各国的变革过程中，时间的先后、变革的方式和程度也不同。就地区看，中原地区是一批新兴封建势力通过斗争逐渐取代了旧势力的代表者公室，然后进一步通过变法革新，把已取得的胜利成果巩固下来。七雄中的三家分晋、齐国的田氏代齐，七雄外的郑、宋就是很好的例子。边远地区，如秦国、楚国等新兴的封建势力通过支持国君励精图治，打击旧有的世卿贵族特权，来实现本阶级在政治上、经济上的要求。

各国的变法和改革的历史昭示人们：顺应社会潮流、与时俱进、变法改革者，其国势必昌；先变法者国力先强；小变者小强；大变者大强。变法最彻底者，最终扫六合而一统天下。

左丘明像

【第五章】

缤纷绮丽的文学花园

春秋、战国时代，是一个社会巨变的时代。《诗经·十月》中用“高岸为谷，深谷为陵”来形容它，原先高高在上的忽然跌落到了谷底，原先在谷底深处的忽然跃升到了峰巅。随着社会制度的变革、阶级结构的变动，文学也有了发展。这时文学之所以会发生变化和发展，主要是由于新兴的政治家、军事家、思想家需要发表他们的观点和主张，需要比较广泛地进行宣传，需要在思想领域里开展斗争，需要展开“百家争鸣”。因此，必须改革旧的文学形式，创造新的文学形式。这是新内容决定了新的表现形式。此外，由于这时期很多文人学者出身“贫贱”，他们吸收了民间文学的养料，经过了提炼和加工，因而使文学作品能够超越过去贵族文学的范畴，并进一步提高了其思想性和艺术性。

这一时期的文学，主要特征是诗歌的衰颓和散文的勃兴。记载历史事实和表现哲学思想的散文，代替了诗歌的地位。那些优秀的富于文学价值的历史、哲学作品，推动了中国古典散文的新发展。春秋、战国时代散文的兴盛与成就，在中国文学史上是一件大事。

春秋、战国时代文学的特点是：（一）感情激越，有很强的斗争性。一些思想家，他们各自代表一定阶级和阶层的利益，要求著书立说，尽管他们都有阶级和个人偏见，但他们都极力抨击论敌和所反对的事物，鼓吹自己的主张。他们写出来的是说理散文，有的时候笔端却有着很深的激情。至于在政治斗争中产生的屈原的诗，更是感情炽热。（二）文章宏丽，有的作品还用了设想奇特、辞采绚烂的浪漫主义手法。战国中期和末期的文字，一般都讲求辞藻华丽，多用排比，末期则更多铺张。（三）多用比喻。这在诸子散文中异常突出，从最早的《论语》到最晚的《吕氏春秋》都有这一特色。它们用比喻有的短到只有几个字，拈出生活中一件习见的事来说明问题；有的用一个较长的故事来比喻；有的在问答之中，双方都用比喻。往往妙语解颐，趣味盎然。（四）多用寓言。寓言本来是当时散文里比喻内容之一种，但它在散文著作中，有相对的独立性，往往可以游离出来成为完整的故事。这些寓言常常被思想家用来说明某些哲理，或政治活动家用来说明某些政治见解。它一方面增加了辞采的光焰，另一方面又可以避免直言时所容易遭遇的忌讳。较之一般的譬喻，它更加形象鲜明，主题突出，给人深刻的印象。

这种现象的产生，并不是偶然的，有它的社会原因和文学发展的规律性。在这个大变革的时代里，错综复杂的社会矛盾和人们丰富的思想意识，要开展剧烈的斗争，进行详细的历史记载，诗歌已不能担负这种繁重的任务。就是在散文方面，也必然要突破先前的旧形式，向着新的形式发展，才能更好地为新内容服务。这是时代的要求，也是历史赋予文学的新使命。

这一时期的散文，不仅具有丰富的思想内容，反映了社会上的诸般矛盾，揭露了统治阶级的黑暗，而且在散文的体裁和语言上，也得到了很大的发展和进步。从先前那种僵硬古板的形式中解放出来，语言更规范化、通俗化，叙事真实，说理透彻，气势生动，流利通畅，既富于逻辑性，又有很高的艺术概括能力，成为古代散文的典范。

春秋、战国时代的散文一般分为历史散文和诸子散文。

历史散文

《尚书》是我国最古老的文章汇编。其中殷商和周初的部

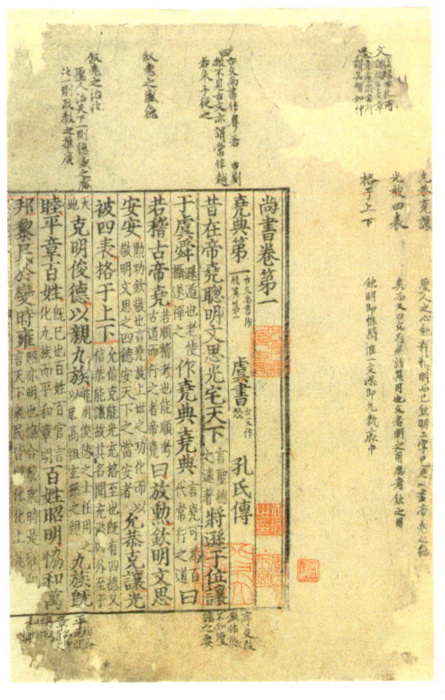
尚書卷第一
堯典第一 虞書 孔氏傳
昔在帝堯聰明文思光宅天下將遜于位讓
于虞舜作堯典 堯典
曰若稽古帝堯曰放勳欽明文思
安安允恭克讓光
被四表格于上下
克明俊德以親九族九族既
睦平章百姓百姓昭明協和萬
邦黎民於變時雍

《尚书》（宋刊本）

分，所用语言同秦汉时的古汉语有很大不同，加之年代久远，传写讹误，十分艰涩难读。韩愈谓之“周诰殷盘，佶屈聱牙”。但抛开文字的障碍不谈，在情感的表达上，却是朴素而简要的。由于发表那些言辞的人，地位都很高，言语之间，具有居高临下的自信。对于后人来说，古奥是一种特殊的美感，质朴自信，又显示出征服的力度。所以《尚书》里面的文章，很受推崇。

《春秋》是我国编年体史书之祖，它以鲁国十二公为序，起自鲁隐公元年（前722），迄于鲁哀公十四年（前481），记载了二百四十二年间的历史。它是纲目式的记载，文句极简短，几乎没有描写的成分。有人讥其为断烂朝报，但它的语言表达，具有谨严精练的特点，反映了文字技巧的进步。《春秋》最突出的特点就是寓褒贬于记事的“春秋笔法”。相传孔子整理、修订《春秋》时，按照自己的观点对 些历史事件和人物作了评判，并选择他认为恰当的字眼来暗寓褒贬，因此《春秋》被后人看作是一部具有“微言大义”的经典，是定名分、制法度的范本。它在史书和文学作品的写作上，也对后人产生很大影响。史学家从中领悟到修史应该有严格而明确的倾向性，文学家则体会到了《春秋》遣词造句力求简洁而义蕴深刻。

成书于战国初期的《左传》，不同于专门解释《春秋》的《公羊传》和《穀梁传》，是中国第一部叙事生动而具历史真实性的编年史。这本书不但有丰富的语言，记述春秋时人的对话，圆转曲折，极为活泼，而且叙述历史事件，特别是描写战争，都能绘影绘声，令人读了如同亲历其境。唐代著名的史学评论家刘知几竭力称赞《左传》的叙事

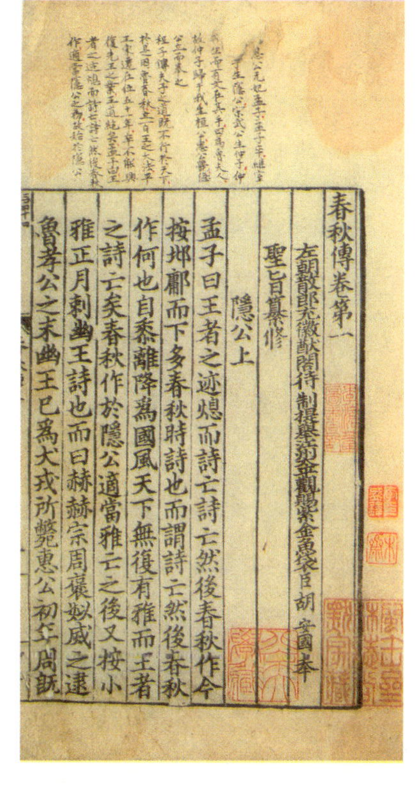
春秋傳卷第一
左朝散郎充徽猷閣待制提舉萬壽觀賜紫金魚袋臣胡安國奉
聖旨纂修
隱公上
孟子曰王者之迹熄而詩亡詩亡然後春秋作今
按邶鄘而下多春秋時詩也而謂詩亡然後春秋
作何也自黍離降爲國風天下無復有雅而王者
之詩亡矣春秋作於隱公適當雅亡之後又按小
雅正月刺幽王詩也而曰赫赫宗周褒姒烕之逮
魯孝公之末幽王已爲犬戎所斃惠公初年周既

宋·胡安国撰《春秋传》（宋刻本）

文，说：

《左氏》之叙事也，述行师则簿领盈视，哤聒沸腾；论备火则区分在目，修饰峻整；言胜捷则收获都尽；记奔败则披靡横前；申盟誓则慷慨有余；称谲诈则欺诬可见；谈恩惠则煦如春日；纪严切则凛若秋霜；叙兴邦则滋味无量；陈亡国则凄凉可悯。或腴辞润简牍，或美句入咏歌，跌宕而不群，纵横而自得。若斯才者，殆将工侔造化，思涉鬼神，著述罕闻，古今卓绝。

在历史散文中，《左传》是上承《尚书》、《春秋》，下开《国策》、《史记》的重要桥梁，是战国时代无可否认的最优秀的历史散文作品。它虽仍是历史著作，但由于叙述较为具体、丰满，在文字的驾驭上已具有相当的功力。尤为引人注意的是：

首先，《左传》已能以简要的文字，为事件的过程勾勒出较具体而明晰的轮廓，使人看到事件发生、发展及结束的过程，有时也能点明其原因。这在战争的描写上体现得尤为明显。尽管战争——尤其是较大的战争——较之一般的事件更为错综复杂，但《左传》已能将其来龙去脉交代清楚。如写隐公元年（前722）“郑伯克段于鄢”的事件，《春秋》仅用了六字，在《左传》中则用了五百余字来叙述。对郑庄公寤生与其弟太叔段的互相讨伐、庄公母亲在这一事件中所起的作用、庄公母子黄泉相见的前因后果，一一阐明，毫无混杂、冗沓之感。尤其令人称道的是对“晋楚城濮之战”、“秦晋殽之战”等重大战役的叙述。作者将每一战役放在当时大国争霸的背景下，从战争的起因、各国关系的变化、战前的准备，一直写到交锋的过程及战后的影响等，原原本本，有条不紊，其在处理复杂事件时驭繁于简的功力，在当时是重要的成就，对后世的记事文和历史著作有重大影响。

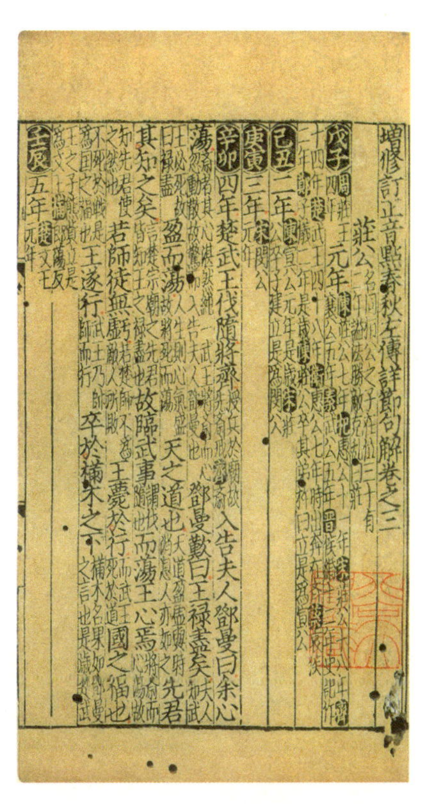
增修訂正音點春秋左傳詳節句解卷之三

莊公

戊子 元年

己丑 二年

庚寅 三年

辛卯 四年楚武王伐隨將齊 入告夫人鄧曼曰余心蕩 鄧曼歎曰王祿盡矣 盈而蕩 天之道也 先君其知之矣 故臨武事 而蕩王心焉 若師徒無虧 王薨於行 國之福也 王遂行 卒於樠木之下

壬辰 五年

《春秋左传句解》（宋元刻本）

其次，《左传》所记载的外交辞令，不仅逻辑严密，而且表达相当精练有力，较之“尚书”式的记言文也是很大的进步。

再次，在《左传》的记事中，有时引入具体、细致的情节描写。这一点在中国后来的历史著作中被发扬光大。著名的《史记》等著作不只是对历史事件作记录，有时还将人物的思想感情、心理活动描绘出来；这种传统实际上是以《左传》为滥觞。

《国语》是我国第一部国别史，记事始起周穆王，止于鲁悼公，内容涉及周、鲁、齐、晋、郑、楚、吴、越八国，以记载言论为主，但也有不少记事的成分。这部书不是系统完整的历史著作，除《周语》略为连贯外，其余各国只是重点记载了个别事件。《国语》也包含了许多政治经验的总结，如“防民之口，甚于防川”，发人深思，其思想倾向略近于《左传》，只是不像《左传》那样鲜明突出。总体而言，《国语》的文字质朴，远不如《左传》有文采。但其中也有比较精彩的部分。如《晋语》中所记“骊姬之难”，故事较《左传》记载更详尽曲折。《吴语》和《越语》在全书中风格较为特殊。它以吴越争霸和勾践报仇雪耻之事为中心，写得波澜起伏，很有气势。一些内容写得有声有色，宛如后世小说笔法。

《战国策》是汇编而成的历史著作，作者不明。其中所包含的资料，主要出自战国时代，包括策士的著作和史臣的记载。汇集成书，当在秦统一以后。原来的书名不确定，西汉刘向考订整理后，定名为《战国策》。总共三十三篇，按国别记述，记事年代大致上接《春秋》，下迄秦统一。以策士的游说活动为中心，反映出这一时期各国政治、外交的情状。全书没有系统完整的体例，都是相互独立的单篇。

战国时代，是春秋以后更激烈的大兼并时代，过去还勉强作为虚饰的仁义礼信之说，在这时已完全被打破。国与国之间，讲的是以势力相争，以智谋相夺。那些活跃在政治舞台上的策士，也只是以自己的才智谋取功名利禄，朝秦暮楚，不足为奇。《战国策》以欣赏甚至讴歌的笔调描绘了他们的言行举止，这体现了时代思想观念的变化，显得比以前的历史著作更加活泼而富有生气（尽管其中有许多史实的记载是失实甚至错谬的）。从文学上看，《战国策》的特色表现在以下几个方面：

第一是富于文采。《左传》也是以文采著称的，但两者相比照，可以看到《战国策》的语言更为明快流畅，纵恣多变，委曲尽情。无论叙事还是说理，《战国策》都常常使用铺排和夸张的手法、绚丽多姿的辞藻，呈现酣畅淋漓的气势。在这里，语言不仅是作用于理智、说明事实和道理的工具，也是直接作用于感情以打动人的手段。

第二，《战国策》描写人物的性格和活动，更加具体细致，也更生动活泼。如著名的《荆轲刺秦王》，精彩纷呈，激动人心，其中“易水送别”的场景是这样来描写的：

太子及宾客知其事者，皆白衣冠以送之。至易水之上，既祖，取道，高渐离击筑，荆轲和而歌，为变徵之声，士皆垂泪涕泣。又前而为歌曰："风萧萧兮易水寒，壮士一去兮不复还！"复为慷慨羽声，士皆瞋目，发尽上指冠。于是荆轲遂就车而去，终已不顾。

这段文字感染力极强。文章大师司马迁作《史记·刺客列传》，对有关荆轲的部分，也大量抄录了《战国策》的原文。"燕赵多慷慨悲歌之士"的美名，也由此名闻天下。

第三，《战国策》所记的策士说辞，常常引用生动的寓言故事，这也是以文学手段帮助说理。这些寓言，形象鲜明，寓意深刻，又浅显易懂，独立地看，也是中国文学宝库中璀璨的明珠。诸如"鹬蚌相争，渔翁得利"、"画蛇添足"、"狐假虎威"、"亡羊补牢"、"南辕北辙"等寓言可谓家喻户晓。由于《战国策》在相当程度上背离了中国古代的正统思想，常常受到严厉的批评。但以历史的眼光来看，它正体现了战国时代活跃的思想氛围。它对语言艺术的重视，在这方面取得的成就，在文学史上更具有承上启下的作用。秦汉的政论散文、汉代的辞赋，都受到《战国策》辞采华丽、铺排夸张风格的影响；司马迁的《史记》描绘人物形象，也是在《战国策》的基础上更为向前发展。

诸子散文

诸子散文是春秋、战国时代各个学派阐述自己学说的著作，是百家争鸣的产物。其思想各据一端，精彩纷呈。正因为它是随着争辩的风气而发展起来的，其基本趋向就是从简约到繁富，从零散到严整。愈是后期的著作，篇幅愈宏大，组织愈严密。

就本来的意义说，诸子散文是政治、哲学、伦理等方面的论说文，不是文学作品。但同历史散文一样，多少不等地包含着文学因素，在文学史上具有一定价值。再从更大的范围，即文化史的意义来说，诸子的思想，尤其是儒家和道家的思想，影响了中国一代又一代的知识分子。

传世的儒家学派的散文，以《论语》为最早。《论语》是早期语录体散文，语言基本上是口语，浅显易懂。文字简约，一般只陈述自己的观点，而不加以长篇累牍、不厌其烦地反复论证。由于孔子对现实人生和社会生活往往有很深刻的认识，《论语》中颇多言简意赅、富于哲理性和启发性的

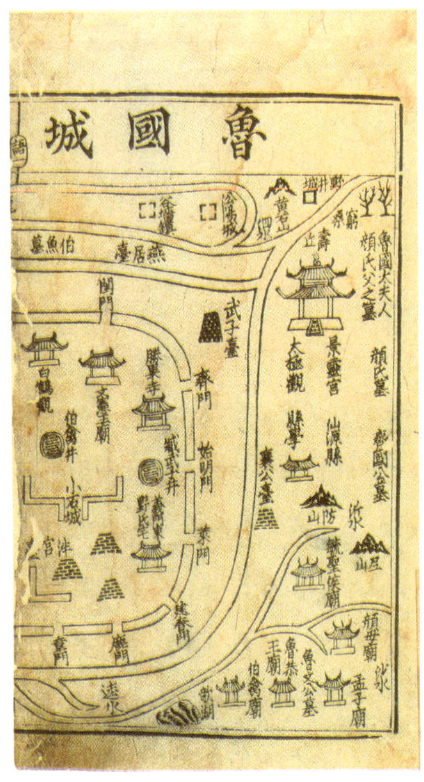

《论语》中的“鲁国城”图（宋刊本）

语句，如“学而不思则罔，思而不学则殆”，“岁寒，然后知松柏之后凋也”，流传后世，成为人们常用的成语、格言。《论语》的记录者，并没有在文学上追求一定效果的意识，但有时通过简短的对话，显示出人物的性格，因而也具有一定的文学意义。它篇幅虽然不大，但作为儒家经典之一，长期以来，是文化人必读的书籍。它所表现的人生态度、思想观念，在我国文化史、思想史上，留下了极为广泛深刻的影响。

《墨子》为墨翟及其弟子、后学所著，是墨家学派的著作总汇，该书语言质朴，逻辑严密，善于运用具体事例来说理。如《非攻篇》，先说：“今有一人，入人园圃，窃其桃李，众闻而非之，上为政者得则罚之，此何也？以亏人以自利也。”

然后再说攘人犬豕鸡豚者，取人马牛者，杀无辜人夺其衣裘者，再三说明“苟亏人愈多，其不仁兹甚矣，罪益厚”的道理，最后归结到“今至大为不义，攻国，则不知非，从而誉之，谓之义，此可谓知义与不义之别乎？”条理非常清楚，具有很强的说服力。中国古代严格意义上的论说文，就是从《墨子》开始的。就此而言，它在中国散文史上有不可忽视的地位。

《孟子》共七篇，记述孟轲的言行。此书的写作与《论语》不同，是他本人和门徒共同完成的。从体例上说，《孟

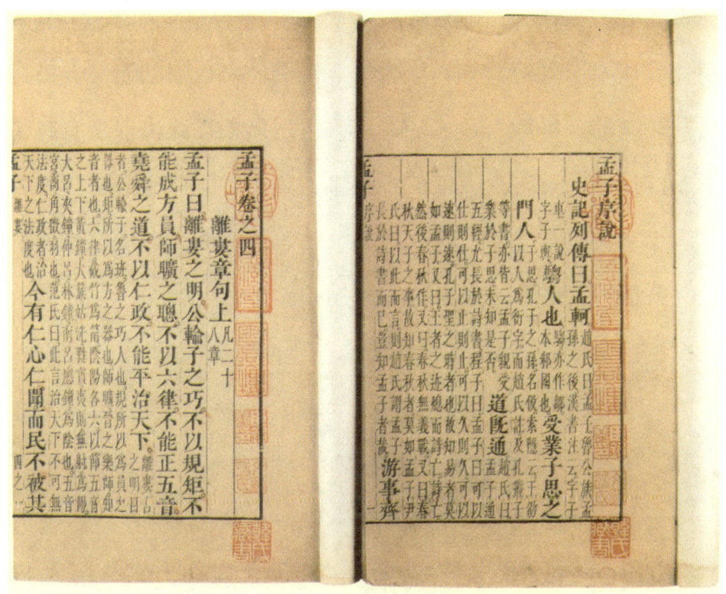
孟子卷之四
離婁章句上 凡二十八章
孟子曰離婁之明公輸子之巧不以規矩不能成方員師曠之聰不以六律不能正五音堯舜之道不以仁政不能平治天下……今有仁心仁聞而民不被其……

孟子序說
史記列傳曰孟軻……騶人也……受業子思之門人……道既通……游事齊……

《孟子》（清乾隆刻本）

子》基本上仍属于语录体，但较《论语》已有很大发展。这不仅是因为它的篇幅加长了，议论增多了，而且很多段落都围绕着一定的中心，结构完整，条理清楚，只要加上题目，就可以单独成篇。

在先秦诸子散文中，《孟子》与《庄子》是文学性最强的。孟子为人，傲岸自负，锋芒毕露，好辩而且善辩，动辄与人言辞交锋，必欲争胜，反映在文章里就是：不仅从逻辑上说明道理，而且具有强烈的感情色彩。其行文袒露，喜笑怒骂，绝不作吞吞吐吐之态；文字通俗流畅，无生硬语，又喜欢使用层层叠叠的排比句式，这样就形成了《孟子》散文的一个显著特点，即富有气势，如长河大浪，磅礴而来，咄咄逼人，横行无阻。它的文学性，还表现在它善于用形象帮助说理。有时是短小的比喻，有时是完整的小故事、寓言，如“揠苗助长”、“五十步笑百步”、“再作冯妇”等等，都成为后世常见的成语。最精彩的是《离娄》中的一段：

齐人有一妻一妾而处室者，其良人出，则必餍酒肉而后反。其妻问所与饮食者，则尽富贵也。其妻告其妾曰：“良人出，则必餍酒肉而后反，问所与饮食者，尽富贵也。而未尝有显者来。吾将瞷良人之所之也。”蚤起，施从良人之所之，遍国中无人与立谈者，卒之东郭墦间之祭者，乞其余，不足，又顾而之他。此其为餍足之道也。其妻归，告其妾，曰："良人者，所仰望而终身也，今若此！"与其妾讪其良人，而相泣于中庭。而良人未之知也，施施从外来，骄其妻妾。

由君子观之，则人之所以求富贵利达者，其妻妾不羞也，而不相泣者，几希矣！

这是一则绝妙的讽刺故事。文字虽短，但写得精练，情节有变化，人物有性格。尤其是故事的结尾，人物内在品格的猥琐与外貌的庄严自足，形成强烈的反差，达到美学上的滑稽效果，完成了尖锐的讽刺目的。这种丑恶现象在社会中始终存在，因而这故事的生命力也始终未消竭。

《孟子》对后世散文有十分深远的影响。它是感性和理性的结合，善于用文学手段达到实用目的，对于既主张以文载道，又重视文学的美感，喜欢在说理中包蕴个人感情的唐宋古文家而言，《孟子》是绝好的典范。试看韩愈的文章，雄肆而严整，喜用排比、博喻，与《孟子》关系最大。

《庄子》一书，汉代著录为五十二篇，现存三十三篇。其中《内篇》七篇，通常认为是庄子本人所著；《外篇》十五篇，《杂篇》十一篇，有庄子门人及后来道家的作品。

庄子本人既是一个哲学家，又富于诗人气质。庄学的后人，也受到他的感染。因而，《庄子》这部哲学著作，又充满了浓厚的文学色彩。而且，其文章体例也已经脱离语录体的形式，标志着先秦散文已经发展到成熟的阶段。在文学史上，它代表了先秦散文的最高成就。

用艺术形象来阐明哲学道理，是《庄子》的一大特色。战国文章，普遍多借寓言、故事以说理，但仅仅是以其为比喻的材料来证明文章的观点。不仅如此，从理论意识来说，庄子这一派本有“言不尽意”的看法，即逻辑的语言并不能充分地表达思想。与此相关，在表现手法上，许多篇章，如《逍遥游》、《人间世》、《秋水》，几乎都是用一连串的寓言、神话、虚构的人物故事连缀而成，把作者的思想融化在这些故事和其中人物、动物的对话中，这就超出了以故事为例证的意义。而且，作者的想象奇特而丰富，古今人物、骷髅幽魂、草虫树石、大鹏小雀，无奇不有，千汇万状，出人意表，迷离荒诞，使文章充满了诡奇多变的色彩。鲁迅称颂《庄子》里的文章，“汪洋辟阖，仪态万方，晚周诸子之作，莫能先也”。

《逍遥游》的宗旨，是说人的精神摆脱一切世俗羁绊，化同大道，游于无穷的至大快乐。文章开头即写大鹏直上云天，飘翔万里，令人读之神思飞扬。试看：

北冥有鱼，其名为鲲。鲲之大，不知其几千里也。化而为鸟，其名为鹏。鹏之背，不知其几千里也。怒而飞，其翼若垂天之云。是鸟也，海运则将徙于南冥。南冥者，天池也。《齐谐》者，志怪者也。《谐》之言曰："鹏之徙于南冥也，水击三千里，抟扶摇而上者九万里，去以六月息者也。"野马也，尘埃也，生物之以息相吹也。天之苍苍，其正色邪？其远而无所至极邪？其视下也，亦若是则已矣。

……

蜩与学鸠笑之曰："我决起而飞，枪榆枋而止，时则不至，而控于地而已矣，奚以至九万里而南为？"适莽苍者，三飡而反，腹犹果然；适百里者，宿舂粮；适千里者，三月聚粮。之二虫，又何知！

《庄子》的文章又富于抒情性。如果说《孟子》的感情是在清楚的逻辑表达下运行的，那么《庄子》的感情，却往往是无端而起，迷惘恍惚。

《庄子》的文章结构也很奇特。看起来并不严密，常常突兀而来，行所欲行，止所欲止；汪洋恣肆，变化无端，有时似乎不相关，任意跳荡起落，但思想却能一线贯穿。句式也富于变化，或顺或倒，或长或短。加之词汇丰富，描写细致，又常常不规则地押韵，显得极有表现力，极具独创性。后代文人如阮籍、陶渊明、李白、苏轼、辛弃疾、曹雪芹等一流作家在思想、文学风格、文章体例、写作技巧上均不同程度上受到《庄子》的影响，由此可见，其影响之大。

《荀子》，三十二篇，它和《韩非子》代表了先秦论说文的新成就。《荀子》全书体系完整，涉及面很广。多为有关社会政治、伦理、教育等方面的长篇专题学术论文，论点明确，论断缜密，结构谨严，风格朴实、深厚；善于运用自然界和日常生活中的事例作为论据，巧譬博喻，反复论证；造语简练，多用铺陈手法和排比句式，整齐流畅，适于诵读。

> 君子曰：学不可以已。青，取之于蓝，而青于蓝；冰，水为之，而寒于水。木直中绳，𫐓以为轮，其曲中规；虽有槁曝，不复挺者，𫐓使之然也。故木受绳则直，金就砺则利，君子博学而日参省乎己，则知明而行无过矣。（《劝学篇》）

这篇文章开宗明义，而后广取譬喻，文字浅显而含义深刻，自然而然地得出结论。《荀子》善于说理，全篇层层论述有关学习的道理，层次分明，条理井然，逻辑严密。《荀子》中有一组称为《赋篇》的文章，也是汉赋的渊源之一。

《韩非子》是先秦法家的代表作，共五十五篇，除少量系后人伪作，大部分是韩非的著作。韩非的文章很有特色，他懂得运用各种手段来阐述自己的思想。从逻辑的严密、论述的细致、条理的清晰来看，还要超过《荀子》；因为他喜欢把道理说得很透，一层一层地铺展，所以篇幅大多很长；因为他的思想尖锐，又很自信，所以文风犀利恣肆，语气坚决而专断。他还善于运用大量的譬喻和寓言故事来论证事理，增强了文章的生动性和说服力。如《五蠹篇》云：

今有不才之子，父母怒之弗为改，乡人谯之弗为动，师长教之弗为变。夫以父母之爱，乡人之行，师长之智，三美加焉，而终不动其胫毛，不改。州部之吏，操官兵、推公法，而求索奸人，然后恐惧，变其节，易其行矣。故父母之爱不足以教子，必待州部之严刑者，民固骄于爱、听于威矣。故十仞之城，楼季弗能逾者，峭也；千仞之山，跛牂易牧者，夷也。故明王峭其法而严其刑也。

文章从常见的生活现象来推演重大的道理，可谓深刻明切。但取例极端也是显而易见的。

楚人有鬻盾与矛者，誉之曰："吾盾之坚，物莫能陷也。"又誉其矛曰："吾矛之利，于物无不陷也。"或曰："以子之矛，陷子之盾，何如？"其人弗能应也。

这就是常用成语“自相矛盾”的出处。原来用于攻击儒家同时赞颂尧的明察和舜的德化，指出二者不可能并存于一时，表现了韩非对于逻辑严密性的要求。其他如“守株待兔”、“郑人买履”、“滥竽充数”、“老马识途”、“螳螂捕蝉”等，都是生动的寓言故事，至今仍被广泛引用。

《韩非子》标志着先秦理论文的进一步发展。其实，后世的理论文章，可以与之相比的也不多。

屈原与楚辞诗歌在战国时代有了新的发展。刘大杰先生《中国文学发展史》说，《诗经》之后的三百年间，是理智思

《屈赋》（清彩绘本）

维发展的时代，是哲学、历史散文胜利的时代。许多才智之士，处在那激烈变化的社会里，都以不同的立场观点，用尽心力，讨论政治、经济、哲学上的各种问题，记述历史上各种兴旺盛衰的事迹。大家都利用散文这一武器，在思想的战线上，展开剧烈的斗争。诗歌的声音是消沉了，诗坛是冷却了。但诗的生命并没有死亡，它在诸子哲学时代丰富的思想基础上，在新兴的散文时代语言发展的基础上，在民间歌曲和音乐的基础上，正积蓄着力量和感情，准备唱出更新鲜、更美妙的歌声。战国后期的南方，以屈原为代表的《楚辞》，展示了中国诗歌史上《诗经》以后的第二个春天。

楚辞是楚文化的产物，是楚国的诗人吸收了南方民歌的精华，融合了古代神话和传说，创造出的新诗体。具体来说，它又离不开伟大诗人屈原的创造。《文心雕龙》说“不有屈原，岂见《离骚》”。宋人黄伯思说，因为“皆书楚语，作楚声，纪楚地，名楚物，故可谓之楚辞”。楚辞的出现，打破了《诗经》四字一句的格式，采取三言到五言参差不齐的句式，形式活泼多样，适宜于书写复杂的社会生活，表达丰富的思想感情，篇幅和容量可根据内容的需要而任意扩充。

屈原（约前340—前277），名平，字原，是楚国的同姓贵族。屈原年轻时受到楚怀王的高度信任，官为左徒，是楚国内政外交的核心人物。后上官大夫在怀王面前进谗言，说屈原把他为怀王制定的政令都说成是自己的功劳，于是怀王“怒而疏屈平”。屈原被免去左徒之职后，转任三闾大夫，掌管王族昭、屈、景三姓事务，负责宗庙祭祀和贵族子弟的教育。

后来楚国势日蹙，屈原两次遭到放逐。顷襄王二十一年（前278），秦将白起攻破楚都郢（今湖北省江陵县），预示着楚国的危机。屈原眼看一度兴旺的国家已经衰败，于悲愤交加之中，自沉于汨罗江。他自杀的日子是五月初五，后来人们就把这一天作为屈原的纪念日。

屈原与楚国最高统治集团的冲突，出于多方面的原因。在外交方面，屈原具有远大眼光，主张与强秦对抗。而怀王贪利受骗，顷襄王畏怯妥协，都不能接受屈原的正确主张，反而因其坚持己见而加以惩罚。在内政方面，屈原主张“修明法度”、“举贤授能”，实行使国家富强的“美政”。他仰慕儒家传说中的圣君贤臣，对政治抱有某种理想主义的态度。同时，他又蔑视那些贪鄙的贵族，主张改革内政，这当然也会使许多人与他为敌。此外，屈原又是一个感情激烈、正直袒露而又非常自信的人，这种性格加上少年得志，使他缺乏在高层权力圈中巧妙周旋的能力，因而也就难以在这个圈子里长久立足，这是造成他的悲剧的重要原因。

屈原的作品，有《离骚》、《九歌》、《九章》、《天问》、《招魂》、《哀郢》、《怀沙》等。《离骚》是屈原最成熟的作品。全诗三百七十三句，两千九百四十字，是我国古代最宏大的一首抒情诗。鲁迅在《汉文学史纲要》中称赞屈原“被谗放逐，乃作《离骚》。逸响伟辞，卓绝一世”。

从屈原在当时社会中的身份来说，他是一位政治家，而不是一般意义上的“诗人”；但以他巨大的创作成就来说，他又是我国文学史上第一位伟大的诗人。《诗经》中也有许多优美动人的作品，但它基本上是群众性、集体性的创作，个性的表现甚少。而屈原的创作，却是用他的理想、遭遇、痛苦，以他全部生命的热情给诗歌打上了鲜明的个性烙印。这标志着中国古典文学创作的一个新时代。

屈原是一位具有崇高人格的诗人。他关心国家和人民，直到今天仍作为坚定的爱国者受到高度评价。虽然他的爱国和忠君联系在一起，在这一点上，他并不能背离所处时代和社会的基本道德原则，但同时也要看到，屈原又具有较为强烈的自我意识。他并不把自己看作君主的奴仆，而是以君主从而也是国家的引路人自居。他对自己的政治理想与人生理想有坚定的信念，为追求自己的理想不惜与自身所属社会集团的大多数人对抗，致死不渝。这就在忠君爱国等公认道德前提下，保存了独立思考、忠于自身认识的权利。作为理想的殉难者，后人曾从他身上受到巨大感召；他立身处世的方式，也被后世正直的文人引为仿效的榜样。

屈原的作品，以纵恣的文笔，表达了强烈而激荡的情感。不仅如此，屈原赞美自我的人格，是率性任情，真实袒露；咏唱神灵的恋爱，是热情洋溢、淋漓尽致；颂扬烈士的牺牲，是激昂慷慨、悲凉豪壮……

总之，较之《诗经》总体上比较克制，稍显温和蕴藉的情感表达，屈原的创作在相当程度上显示了情感的解放，从而造成了全新的、富于生气和强大感染力的诗歌风格。由于情感表达的需要，屈原不能满足于平实的写作手法，而大量借用楚地的神话材料，用奇丽的幻想，使诗歌的境界大为扩展，显示出

元人绘《九歌图》（局部）

恢宏瑰丽的特征。这为中国古典诗歌的创作，开辟出一条新的道路。后代个性和情感强烈的诗人如李白、李贺等，都从中受到极大的启发。

屈原是一位爱美的诗人。他对各种艺术的美，都不以狭隘的功利观加以否定。《九歌》、《招魂》中，处处渲染音乐歌舞的热烈场面和引发的感动。“羌声色之娱人，观者憺兮忘归”，在屈原笔下，这是美好的景象。同样，他的诗篇，也喜欢大量铺陈华美的、色泽艳丽的辞藻。他还发展了《诗经》的比兴手法，赋予草木、鱼虫、鸟兽、云霓等种种自然界的事物以人的意志和生命，以寄托自身的思想感情，增加诗歌的美质。大体上可以说，中国古代文学中讲究文采，注意华美的流派，最终都可以溯源于屈原。

在诗歌形式上，屈原打破了《诗经》那种以整齐的四言句为主、简短朴素的体例，创造出句式可长可短、篇幅宏大、内涵丰富复杂的“骚体诗”，这也具有极重要的意义。

总之，由屈原开创的《楚辞》，同《诗经》共同构成中国诗歌乃至整个中国文学的两大源头，对后世文学产生了巨大的影响。而由于时代的发展，以及南北文化的区别，《楚辞》较之《诗经》，已有显著的进步。它对后来文学的影响，更在《诗经》之上。

战国·人物陶俑

深入阅读

1、翦伯赞《先秦史》，北京大学出版社，2002年。

2、杨宽《战国史》，上海人民出版社，2003年。

3、张荫麟《中国史纲》，上海古籍出版社，2004年。

4、王贵民、应永深、杨升南《中国历史大讲堂·春秋史话》，中国国际广播出版社，2007年。

5、谢齐、彭邦炯《中国历史大讲堂·战国史话》，中国国际广播出版社，2007年。